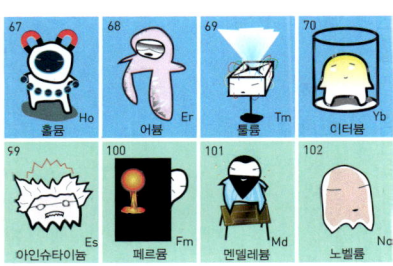

그린이 사이먼 바셔
아티스트 사이먼 바셔는 창조적이면서도 감각적인 캐릭터들과 작품으로 유명한 아티스트이다.
영국, 미국, 유럽, 아시아에서 전시회를 여는 등 활발한 활동을 펼치고 있다. 그의 작품들은 www.basherscience.com에서 볼 수 있다.

글쓴이 에이드리언 딩글
고등학교 화학 교사인 에이드리언 딩글은 영국과 미국을 오가며 학생들을 가르치고 있다.
화학 웹사이트로 상까지 받은 www.adriandingleschemistrypages.com을 만들었다.

댄 그린
댄 그린은 전문적인 과학 저술가이자 편집자로 활동하고 있으며, 저서로는 『재미있는 물리』, 『재미있는 생물』, 『재미있는 화학』 등이 있다.
케임브리지 대학교에서 지질학을 공부했다.

옮긴이 고문주
서울대 화학교육과를 졸업하고, 동 대학원 화학과에서 박사학위를 받았다. 현재 조선대 화학과 교수로 재직 중이다.
역서로 『화학 스캔들 104』, 『화학의 역사』, 『화학 혁명과 폴링』, 『제5의 기적 생명의 기원』, 『생명의 불꽃』 등이 있다.

Basher Science : The Complete Periodic Table
Text and Design Copyright © Toucan Books Ltd. 2007, 2014
Illustration Copyright © Simon Basher 2007, 2014
All rights reserved.

First published 2007 by Kingfisher. This revised and expanded edition Published 2014 by Kingfisher, an imprint of Macmillan Children's Books.

Korean translation Copyright © Bookhouse Publishers Co., 2018.
Korean translation rights arranged with Macmillan Publishers International Limited through EYA(Eric Yang Agency).
Printed in China.

이 책의 한국어판 저작권은 EYA(Eric Yang Agency)를 통해 Macmillan Publishers International Limited와 독점 계약한 (주)북하우스 퍼블리셔스에 있습니다.
저작권법에 의해 한국 내에서 보호를 받는 저작물이므로 무단 전재와 무단 복제를 금합니다.

초등 교양 지식 시리즈 재미있는 주기율표 (확장 개정판)

1판 1쇄 2008년 2월 25일 | 1판 3쇄 2011년 6월 1일 | 개정판 1쇄 2018년 5월 15일 | 개정판 2쇄 2021년 2월 1일
그린이 사이먼 바셔 | 글쓴이 에이드리언 딩글, 댄 그린 | 옮긴이 고문주 | 펴낸이 김정순 | 책임 편집 허영수 | 디자인 박수연 모희정
펴낸곳 (주) 북하우스 퍼블리셔스 | 출판등록 1997년 9월 23일 제406-2003-055호 | 주소 04043 서울시 마포구 양화로 12길 16-9(서교동 북앤빌딩)
전자우편 henamu@hotmail.com | 전화번호 02) 3144-3123 | 팩스 02) 3144-3121

ISBN 978-89-5605-950-1 74080 / 978-89-5605-949-5 (세트)

이 도서의 국립중앙도서관 출판예정도서목록(CIP)은 서지정보유통지원시스템 홈페이지(http://seoji.nl.go.kr)와
국가자료종합목록 구축시스템(http://kolis-net.nl.go.kr)에서 이용하실 수 있습니다. (CIP제어번호: CIP2018002577)

어린이제품 안전특별법에 의한 기타표시사항
제품명 도서 | 제조자명 (주)북하우스 퍼블리셔스 | 전화번호 02-3144-3123
주소 04043 서울시 마포구 양화로 12길 16-9(서교동 북앤빌딩) | 제조년월 2021년 2월 1일 | 사용 연령 11세 이상

재미있는 주기율표

확장 개정판!

톡톡 튀는 원소들의 개성 강한 이야기.

사이먼 바셔 그림 | 에이드리언 딩글, 댄 그린 지음 | 고문주 옮김

해나무

재미있는 주기율표

1 H 수소

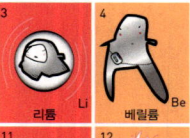
3 Li 리튬　　4 Be 베릴륨

11 Na 소듐(나트륨)　　12 Mg 마그네슘

19 K 포타슘(칼륨)　　20 Ca 칼슘

37 Rb 루비듐　　38 Sr 스트론튬

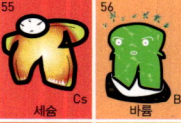
55 Cs 세슘　　56 Ba 바륨

87 Fr 프랑슘　　88 Ra 라듐

21 Sc 스칸듐　22 Ti 타이타늄　23 V 바나듐　24 Cr 크로뮴　25 Mn 망가니즈　26 Fe 철　27 Co 코발트　28 Ni 니켈　29 Cu 구리

39 Y 이트륨　40 Zr 지르코늄　41 Nb 나이오븀　42 Mo 몰리브데넘　43 Tc 테크네튬　44 Ru 루테늄　45 Rh 로듐　46 Pd 팔라듐　47 Ag 은

71 Lu 루테튬　72 Hf 하프늄　73 Ta 탄탈럼　74 W 텅스텐　75 Re 레늄　76 Os 오스뮴　77 Ir 이리듐　78 Pt 백금　79 Au 금

103 Lr 로렌슘　104 Rf 러더포듐　105 Db 두브늄　106 Sg 시보귬　107 Bh 보륨　108 Hs 하슘　109 Mt 마이트너륨　110 Ds 다름슈타튬　111 Rg 뢴트게늄

란타넘족
    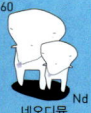    
57 La 란타넘　58 Ce 세륨　59 Pr 프라세오디뮴　60 Nd 네오디뮴　61 Pm 프로메튬　62 Sm 사마륨　63 Eu 유로퓸　64 Gd 가돌리늄　65 Tb 터븀

악티늄족

89 Ac 악티늄　90 Th 토륨　91 Pa 프로트악티늄　92 U 우라늄　93 Np 넵투늄　94 Pu 플루토늄　95 Am 아메리슘　96 Cm 퀴륨　97 Bk 버클륨

:: **차례**

들어가는 갈	6
수소	8
1장 알칼리 금속	10
2장 알칼리 토금속	22
3장 전이원소족	34
4장 붕소족 원소	76
5장 탄소족 원소	86
6장 질소족 원소	96
7장 산소족 원소	106
8장 할로젠족(할로겐족)	116
9장 영족 기체	128
10장 탄타넘족 원소	140
11장 악티늄족 원소	158
12장 귀중 원소	176
용어 설명	188
찾아보기	189
옮긴이의 말	192

:: 들어가는 말

세상의 모든 것은 원소로 이루어져 있어요. 원소는 더 이상 쪼갤 수도 없고 화학반응으로 더 간단히 만들 수도 없는 것이에요. 각 원소는 독특한 개성을 지니고 있어요. 사람들은 금, 은, 납과 같은 많은 원소들을 수천 년 전부터 알고 있죠. 그러나 리버모륨 같은 원소는 2000년에야 첨단 연구소에서 만들어졌고 화학자들은 더 많은 원소를 만들려고 계속 연구하고 있답니다.

주기율표는 시베리아 출신의 유명한 화학자 드미트리 멘델레예프의 발명품이에요. 그는 1869년에 당시 알려진 원소들을 족(세로)과 주기(가로)로 배열하고 그때까지 발견되지 않은 원소들의 칸은 빈칸으로 남겨 두었어요. 오늘날 그 칸들은 다 채워졌답니다. 지금까지 118개의 원소가 알려졌지만 앞으로 더 발견될 수도 있어요.

주기율표의 족(세로축)은 '가족'을 이뤄요. 가족끼리는 모두 가깝고 같은 종류의 화학 장난을 좋아하죠. 이 책에서 독자 여러분은 가장 가벼운 것에서 가장 무거운 것까지 118개의 모든 주인공들을 만나게 될 거예요. 그들 중에는 파격적이고 개성이 강해서 제멋대로 행동하는 것들도 들어 있어요.

101 Md

멘델레븀(멘델레예프의 이름에서 따옴)

1 수소

- ☀ 기호 : H
- ☀ 원자 번호 : 1
- ☀ 원자량 : 1.008
- ☀ 색 : 없음
- ☀ 표준 상태 : 25℃에서 기체
- ☀ 분류 : 비금속

크기가 작지만 그렇다고 나를 얕보지 마세요. 나는 기운찬 주먹을 지닌 작은 꾸러미이고 충격을 받으면 불이 붙죠. 내가 1번이라는 것을 잊지 마세요.

모든 원소 중에서 가장 간단하면서도 가벼우며 우주에 가장 많이 있어요. 물질에서부터 생명의 에너지에 이르기까지 우주 안에 있는 모든 것의 원천이에요. 별에서 핵융합을 하여 에너지를 만들고 주기율표의 모든 다른 원소들을 만드는 구성 단위랍니다.

지구에서 수소 원자는 쌍을 이루어 기체(H_2)로 존재해요. 내가 주위에 있으면 항상 펑하는 소리가 나죠. 나는 매우 불이 붙기 쉬워요. 한때 비행선을 채우는 데 이용되었지만 몇 번 커다란 폭발 사고가 생겨서 더 이상 사용되지 않아요. 미래엔 깨끗하고 효율적인 방법으로 전기를 얻는 연료전지에서 중요한 역할을 하게 될 거예요.

| 발견한 해 : 1766 |

- ● 밀도   0.082g/l
- ● 녹는점   −259.14℃
- ● 끓는점   −252.87℃

H

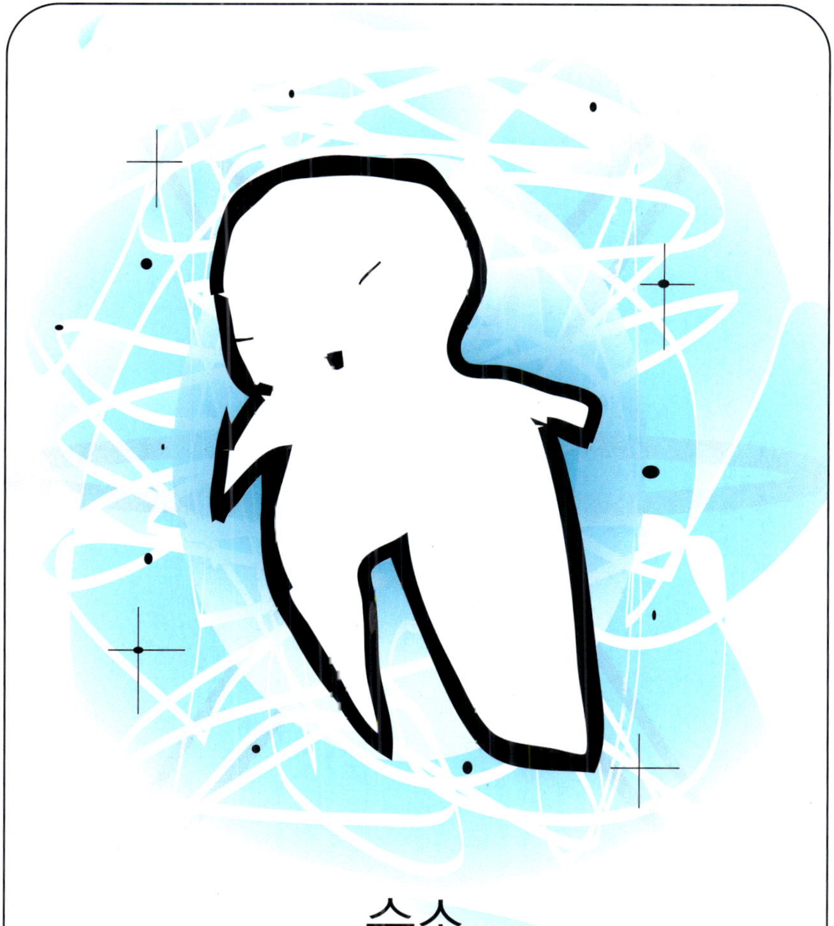

수소

1장 알칼리 금속

1족

말을 잘 듣지 않는 말썽꾼인 이 원소들은 반응성이 매우 크다는 이야기를 들어요. 이 족은 화학적으로 너무나 원기 왕성하여 자연에서는 항상 변화된 형태로만 존재하죠. 주기율표의 다른 족들보다 더 가깝고 더 비슷한 성질을 나타낸답니다.

구성원들은 모두 밀도가 작고, 물렁물렁한 금속이에요. 물을 넣으면 알칼리성이 돼요. 원자 번호가 커질수록 바깥쪽 전자를 쉽게 잃으며, (공기를 포함해) 거의 모든 것과 닿자마자 격렬하게 폭발적인 반응을 합니다.

리튬

소듐(나트륨)

포타슘(칼륨)

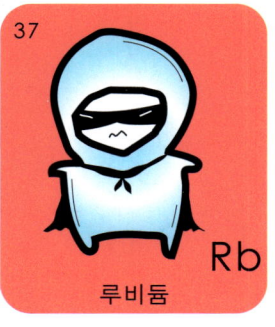
루비듐

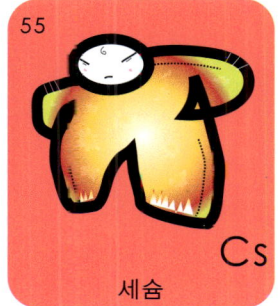
세슘

프랑슘

3 리튬

■ **알칼리 금속**

※ 기호 : Li
※ 원자 번호 : 3
※ 원자량 : 6.941

※ 색 : 은회색/은백색
※ 표준 상태 : 25℃에서 고체
※ 분류 : 금속

나는 주기율표의 모든 금속 중에서 가장 가볍고 처음으로 등장해요. 정말로 물렁물렁한 원소이죠. 여러분은 나를 칼로 쉽게 자를 수 있어요. 그러나 알루미늄 같은 다른 금속과 결합하면 매우 가볍고 강한 합금*이 된답니다. 이 특성 때문에 항공 산업에서 널리 사용돼요.

나는 일반적으로 매우 유용하고 도움이 되는 녀석이에요. 여러분은 많은 전지에서 내가 양극으로 사용되거나, 고성능 산업용 윤활제로 사용되는 것을 쉽게 볼 수 있을 거예요. 내가 (염소와 결합해서) 염화 리튬이 되면 놀라운 정도로 물을 잘 흡수한답니다. (산소, 탄소와 결합해서) 탄산 리튬이 되면 조울증처럼 정신병을 앓는 사람들의 고통을 진정시키고 감소시켜 병든 사람들을 치료하는 데 도움이 돼요.

* 금속들의 혼합물.

발견한 해 : 1817

● 밀도　　0.535g/cm³
● 녹는점　180.54℃
● 끓는점　1342℃

리튬

11 소듐(나트륨)

■ 알칼리 금속

- 기호 : Na
- 원자 번호 : 11
- 원자량 : 22.990
- 색 : 회색/흰색
- 표준 상태 : 25℃에서 고체
- 분류 : 금속

나는 정말로 전류가 흐르는 전선같이 몹시 예민하고 변덕스러워요. 하지만 모두와 잘 지내며 강하고 오래가는 우정을 만들죠. 나는 칼로 잘릴 만큼 부드러운 회색빛 금속이랍니다. 실제로 반응성이 크기 때문에 여러분은 나를 공기 중의 산소와 화학적으로 반응하지 못하게 기름 속에 저장해야 해요. 물과 접촉하면 불꽃을 내며 폭발하죠.

나는 염화 소듐(염화 나트늄, 소금)과 탄산 소듐(탄산 나트륨, 주방용 세제)처럼 여러 가지 흔한 화합물*을 만들어요. 이것들은 강한 결합 때문에 모두 고체이며 매우 안정되어 있죠. 나의 이온(양전하를 띤 입자)은 물에 매우 잘 녹고, 이 때문에 바닷물이 짜답니다. 가로등에서 주황색 빛을 내는 것도 나예요. 열을 매우 잘 전도하기 때문에 핵반응로에서 냉각제로 사용되기도 해요.

* 원소들의 화학 결합에 의해 생긴 물질.

발견한 해 : 1807

- 밀도 $0.968g/cm^3$
- 녹는점   97.72℃
- 끓는점   883℃

소듐(나트륨)

19 포타슘(칼륨)

■ 알칼리 금속

- 기호 : K
- 원자 번호 : 19
- 원자량 : 39.098
- 색 : 은색
- 표준 상태 : 25℃에서 고체
- 분류 : 금속

나는 소듐(나트륨)의 쌍둥이예요. 나는 물렁물렁하고 공기와 반응하기 때문에 기름 속에 보관해야 하죠. 조금만 주의를 기울이면 나를 공기나 물에 닿지 않게 할 수 있어요. 나의 이온*은 어느 물질에 있어도 쉽게 검출될 수 있는데 그것은 밝은 보라색 빛을 내기 때문이에요. 물과 나의 반응은 눈부실 정도죠. 물과 소듐의 반응보다 더 강하답니다.

모두들 내가 바나나에 들어 있다는 것은 알고 있지만, 내가 신체의 많은 과정에서 중심이 된다는 것은 잘 모를 거예요. 가장 중요한 것은 뇌가 근육으로 정보를 전달할 수 있도록 신경의 기능을 도와준다는 점이에요. 그러나 몸에 내가 너무 많으면 심장마비가 일어날 수 있어요. 나의 어두운 면이죠. 실제로 미국에서는 사형을 집행하는 약물로 염화 포타슘(염화 칼륨) 주사액을 사용해요.

* 원자가 전자를 잃거나 얻어서 생기는 전하를 가진 입자.

발견한 해 : 1807

- 밀도   0.856g/cm³
- 녹는점   63.38℃
- 끓는점   759℃

K

포타슘(칼륨)

37 루비듐

■ 알칼리 금속

- 기호 : Rb
- 원자 번호 : 37
- 원자량 : 85.468
- 색 : 은색
- 표준 상태 : 25℃에서 고체
- 분류 : 금속

나는 무른 금속들 중에서도 아주 무른 금속이에요. 보통 실내 온도에서 겨우 고체로 존재하죠. 나는 수줍고 찾기도 어려워요. 찾아내더라도 1족의 다른 사촌 원소들처럼 보일 거예요. 실제로 나는 변장의 명수여서 사촌들과 분리하는 것이 어려워요. 다른 구성원들과 마찬가지로 나도 반응성이 매우 커서 공기나 물에 닿으면 폭발한답니다.

나는 희귀하고 찾기 어렵지만 저출력 레이저에는 꼭 필요해요. 프린터나 광섬유를 이용하는 통신망, 바코드를 읽는 기기들의 다이오드 레이저에 모두 내가 들어간답니다. (이런 레이저는 붉은 색을 나타내요.) 나는 소형 초정밀 원자 시계에도 이용됩니다. 나는 매우 희귀해서 값이 비싸죠. 미래엔 의학용으로 사용될 테니 잘 지켜봐 주세요.

발견한 해 : 1861

- 밀도   1.532g/cm³
- 녹는점   39.31℃
- 끓는점   688℃

루비듐

55 세슘

■ 알칼리 금속

- 기호 : Cs
- 원자 번호 : 55
- 원자량 : 132.91
- 색 : 엷은 금색
- 표준 상태 : 25℃에서 고체
- 분류 : 금속

나는 물렁물렁하고 금빛이 나지만 금보다 더 흥미롭답니다. 자극을 하면 하늘색 빛을 내죠. 1족의 구성원 중 물과 가장 맹렬하게 반응해요. 또한 나는 원자 시계의 맥박을 유지해 줘요. 수만 년에 1초밖에 틀리지 않을 정도로 정확하답니다! 나의 고약한 동위원소*인 세슘-137은 1986년 체르노빌 원전 사고가 일어난 후 오염 물질의 대명사가 됐어요.

* 같은 원소이지만 원자의 질량이 서로 다른 원소.

발견한 해 : 1860

세슘

Cs
- 밀도   1.879g/cm³
- 녹는점   28.44℃
- 끓는점   671℃

프랑슘 87

알칼리 금속

- 기호 : Fr
- 원자 번호 : 87
- 원자량 : 223.02
- 색 : 모름
- 표준 상태 : 25℃에서 고체
- 분류 : 금속

프랑슘

나는 불안정한 작은 꼬마예요. 방사성이 매우 크죠. 반감기*는 22분밖에 되지 않아 오랫동안 살지 못해요. 나는 매우 희귀하고 무게를 측정할 수 있는 양만큼 존재해 본 적이 없어요. 그래서 나의 색도 아직 알려지지 못한 것이죠. 내 이름은 발견자인 마르게리트 페레의 조국 '프랑스'에서 딴 거예요. 페레는 최초로 프랑스 과학원의 여성 회원이 되었죠.

* 처음에 있던 방사성 핵이 절반으로 감소하는 데 드는 시간.

발견한 해 : 1939

- 밀도   2.91g/cm³
- 녹는점   30℃
- 끓는점   598℃

Fr

2장 알칼리 토금속

2족

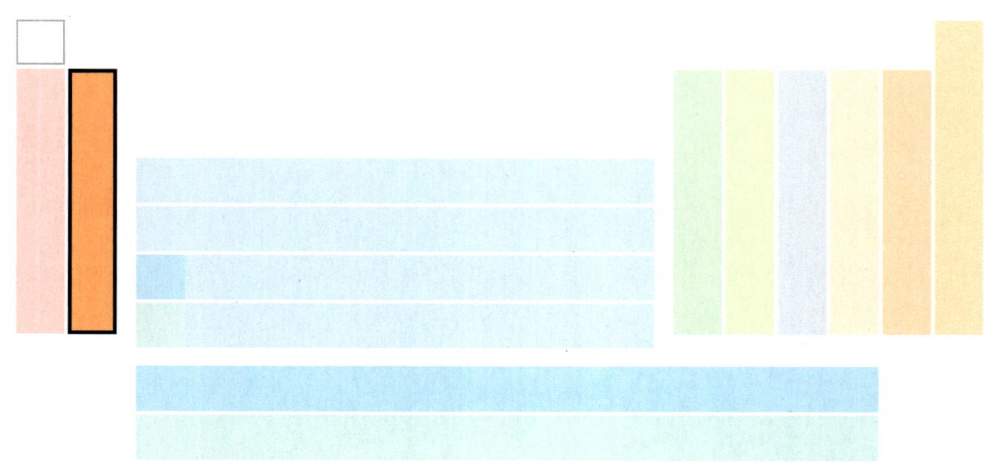

'알칼리 토금속'은 항상 산소와 단단하게 결합한 채로 있기 때문에 한때 전혀 해가 없고 별 특징도 없다고 여겨졌어요. 그러나 일단 그런 안정한 화합물에서 분리되면 이웃인 1족처럼 다루기 어려운 방식으로 행동하기 시작해요.

이들 역시 물렁물렁한 금속들이며 쉽게 반응하여 불꽃을 내면서 탑니다. 그리고 족의 아래로 내려갈수록 성질이 비열해져요. 모두 바깥쪽 전자들을 쉽게 내놓으려고 하지만 알칼리 금속만큼은 아니에요. 그래서 알칼리 토금속은 알칼리 금속보다는 반응성이 약간 작답니다.

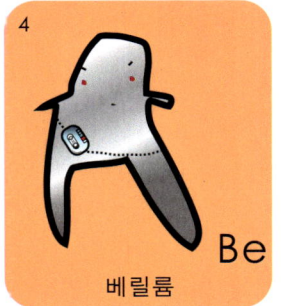
베릴륨 Be

마그네슘 Mg

칼슘 Ca

스트론튬 Sr

바륨 Ba

라듐 Ra

4 베릴륨

■ 알칼리 토금속

- 기호 : Be
- 원자 번호 : 4
- 원자량 : 9.0122
- 색 : 은색
- 표준 상태 : 25℃에서 고체
- 분류 : 금속

여러분에게 다행이겠지만 나는 부끄러움을 잘 타고 비밀을 잘 드러내지 않아요. 많이 알려지지도 않았어요. 소량이더라도 내가 여러분의 몸속에 들어가면 폐에 염증이 생기는 베릴륨 중독증이 나타나죠. 이것은 폐암과도 관련이 있어요. 물렁물렁하고 은색 금속인 나는 대부분 다른 금속들과 결합되어 합금으로 사용되곤 해요. 또 훌륭한 전기 전도체이며 매우 유연하답니다. 아주 가벼워서 비행기를 만드는 데에도 쓰여요.

나는 흔히 땅속에서 규소와 다른 원소들과 함께 형성한 화합물인 규산염으로 발굴되는데, 이 중 가장 아름다운 것이 에메랄드예요. 가장 자랑스러운 순간은 1932년에 제임스 채드윅이 나와 알파 입자를 충돌시켜서 중성자*를 발견한 때였어요. 오늘날 내가 생산하는 중성자는 핵화학에서 선도적 역할을 하고 있어요.

* 전하를 가지지 않으면서 원자를 구성하는 입자.

| 발견한 해 : 1797 |

- 밀도　　1.848g/cm³
- 녹는점　1287℃
- 끓는점　2469℃

베릴륨

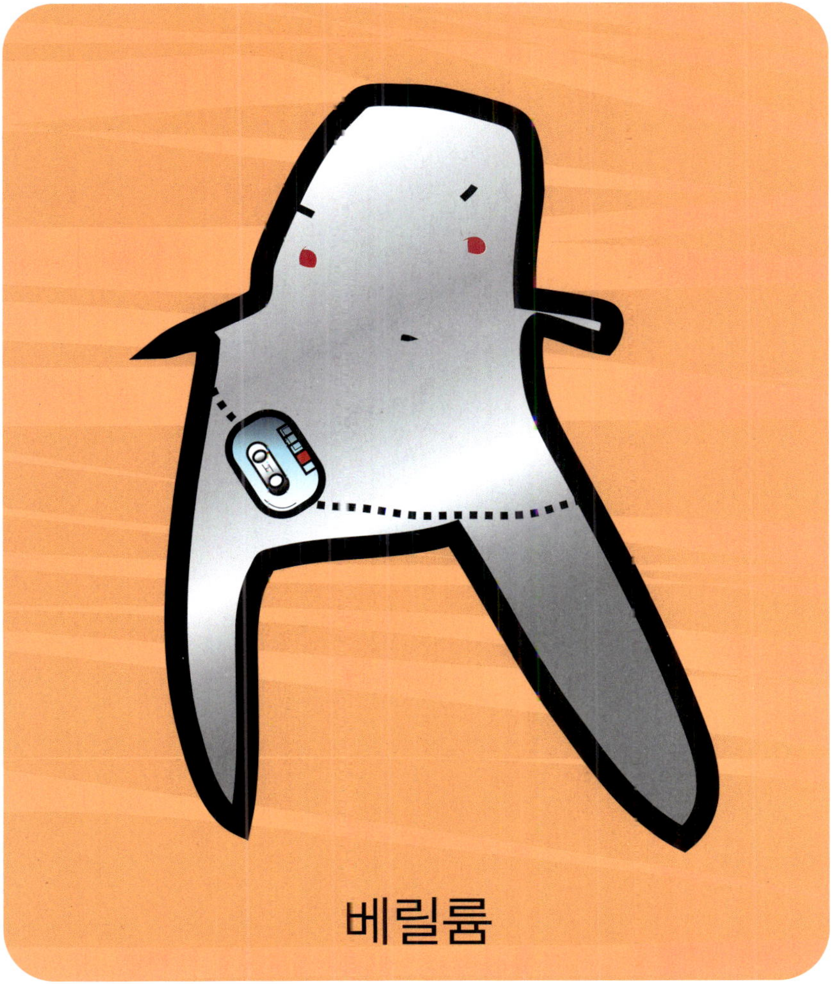

12 마그네슘

■ 알칼리 토금속

* 기호 : Mg
* 원자 번호 : 12
* 원자량 : 24.305
* 색 : 은백색
* 표준 상태 : 25℃에서 고체
* 분류 : 금속

나는 행복해요. 모든 원소들과 잘 사귀고, 원소들의 사교 모임에서도 잘 융화되거든요. 심지어 변덕스러운 수소와도 잘 지내요. 불꽃을 만들며 항상 반응을 일으키죠.

나는 또 똑똑한 얼간이에요. 나는 여러분의 신체 과정을 재촉해서 화장실로 달려가게 할 수도 있어요! 완하제(설사시키는 약)인 에프솜염과 마그네시아 밀크는 모두 나를 이용해서 만들어요. 나의 염*들은 음식에 쓴맛을 내게 해서 여러분 입에 좋지 않은 맛을 남기죠.

은백색 금속인 나는 엄청난 세기로 밝은 빛을 내며 타요. 나의 놀라운 연소 능력은 카메라 플래시, 조난 불꽃, 불꽃놀이, 소이탄에 이용되죠. 강하고 가벼워서 자전거 뼈대, 자동차 부품, 비행기 엔진을 만드는 데에도 도움이 된답니다.

*산의 수소 이온이 금속 이온이나 다른 양이온으로 바뀌어서 생기는 화합물.

발견한 해 : 1755

● 밀도   1.738g/cm³
● 녹는점   650℃
● 끓는점   1090℃

마그네슘

20 칼슘

■ 알칼리 토금속

- 기호 : Ca
- 원자 번호 : 20
- 원자량 : 40.078
- 색 : 은색
- 표준 상태 : 25℃에서 고체
- 분류 : 금속

사람들은 내가 뼈와 이의 대부분을 구성하기 때문에 나를 '골격'이라고 해요. 나는 여러분이 성장하는 동안 뼈의 인산 칼슘을 만드는 데 대량으로 필요하며, 나이가 들면 들수록 여러분의 골격을 강하게 유지해 주죠.

반응성이 큰 금속인 나는 물렁물렁하며 겉으로는 은색이 나지만 내부는 약간 단단해요. 나의 이온이 물에 녹으면 물은 '경수(센물)'가 돼요. 비누 거품이 잘 일지 않고 표면에 버캐가 끼고 수도꼭지에 석회석 물때가 생기죠.

사람들은 나를 수백 년 전부터 알고 있어요. 나는 석회, 시멘트, 분필, 석회석 같은 흔한 화합물에 들어 있지요. 모두 흰색인 그것들은 건축에 사용되고, 산을 중화하는 능력도 지니고 있답니다.

발견한 해 : 1808

- 밀도　　1.550g/cm³
- 녹는점　842℃
- 끓는점　1484℃

칼슘

38 스트론튬

■ 알칼리 토금속

* 기호 : Sr
* 원자 번호 : 38
* 원자량 : 87.62

* 색 : 은색
* 표준 상태 : 25℃에서 고체
* 분류 : 금속

나는 스코틀랜드 출신이에요. 내가 발견된 스트론티안 마을에서 이름을 따왔대요. 여러분은 나를 부끄럼을 잘 타고 흔해 빠진 은색 금속으로 여길 수 있지만, 난 몇 가지 놀라운 점들을 감추고 있답니다. 불꽃놀이에서 내가 내놓는 놀랄 만큼 아름다운 심홍색은 여러분의 눈길을 사로잡을 거예요. 오늘날엔 주로 TV 수상기와 컴퓨터 모니터의 유리 첨가물로 사용된답니다.

나의 동위원소인 스트론튬-90은 비열해요. 칼슘을 흉내 내는 으스스한 능력이 있어서 성장하는 뼈의 내부로 흡수돼요. 그것은 해로운 베타 방사선을 내놓아서 암을 유발하죠. 1900년대 중반에 이루어진 원자핵 실험으로 곳곳에 내가 많아졌어요. 나는 어린이의 몸에 쌓이기 시작했답니다. 다행히 과학자들이 잠재적인 무서운 결과를 깨닫기 시작해 그 실험은 중단되었죠.

발견한 해 : 1790

● 밀도 $2.630g/cm^3$
● 녹는점   777℃
● 끓는점   1382℃

스트론튬

56 바륨

■ 알칼리 토금속

- ✹ 기호 : Ba
- ✹ 원자 번호 : 56
- ✹ 원자량 : 137.33
- ✹ 색 : 은백색
- ✹ 표준 상태 : 25℃에서 고체
- ✹ 분류 : 금속

나는 록 가수*예요. 실제로 헤비메탈 (중금속) 중 하나죠. 칼슘보다 반응성이 더 커요. 나의 탄산염은 치명적인 쥐약이지만, 나의 황산염은 물에 녹지도 않고 소화도 되지 않아요. 이것은 '바륨 식사'로 이용되는데, 맛과 영양이 전혀 없지만 여러분의 소화기관을 촬영하는 데 유용하죠. 나의 이온은 에너지를 받아서 들뜨면 녹색을 나타낸답니다.

* 전기 악기의 금속음을 특징으로 하는 록 음악을 헤비메탈이라고 함.

발견한 해 : 1808

바륨

Ba

- ● 밀도   3.510g/cm³
- ● 녹는점   727℃
- ● 끓는점   1870℃

라듐 88

알칼리 토금속

- 기호 : Ra
- 원자 번호 : 88
- 원자량 : 226.03
- 색 : 은색
- 표준 상태 : 25℃에서 고체
- 분류 : 금속

라듐

가장 무거운 구성원인 나는 매우 매혹적인 특성을 지니고 있답니다. 나는 어떤 상황에서도 빛을 내요. 밝게 빛을 내는 진정한 멋쟁이죠. 야광 페인트에도 사용된다니까요.

알파 입자를 내놓아서 공기를 이온화할 수 있으며, 이 때문에 주위에 밝은 청색 오로라를 만들어요. 내 이름은 '빛'을 의미하는 라틴어 '라디우스(radius)'에서 따왔대요.

- 밀도   5.000g/cm³
- 녹는점   700℃
- 끓는점   1737℃

Ra

발견한 해 : 1898

3장 전이원소족

3~12족

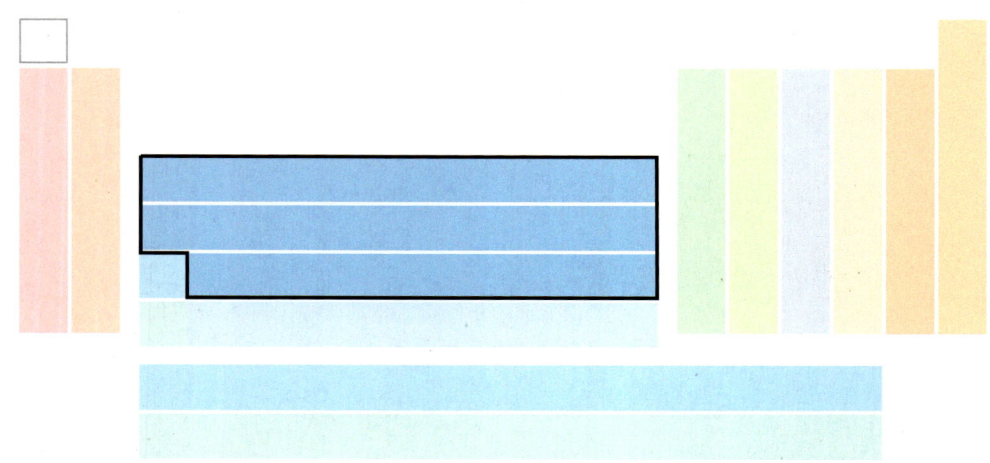

주기율표의 가운데에 있는 전이원소들은 잡다하고 난폭한 일당이에요. 이들은 억세고 강인한 금속들이고, 말 그대로 수천 가지의 산업적 용도로 쓰이죠.

대부분의 원소들은 모든 종류의 중요한 제조 반응을 빠르게 재촉하는 주동자이며 활동가예요. 그 밖의 원소들은 다양한 다른 원소들과 결합하여 합금을 형성하는 놀라운 능력을 발휘한답니다. 그중 몇 가지는 문화를 영원히 바꿔 놓았어요. 전이원소들은 못나고 더러운 것이 전혀 아니에요. 전이원소들은 여러 가지 눈부시고 찬란한 색깔로 나타나기를 좋아한답니다.

  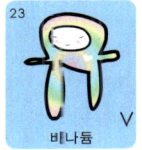 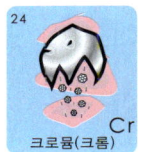  
  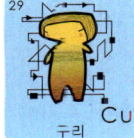   
  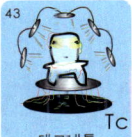  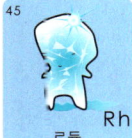 
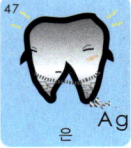     
  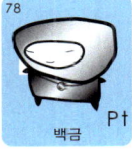  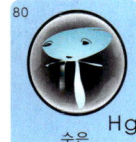

21 스칸듐

■ 전이원소족

- 기호 : Sc
- 원자 번호 : 21
- 원자량 : 44.956
- 색 : 은백색
- 표준 상태 : 25℃에서 고체
- 분류 : 금속

나는 첫 번째 전이원소이지만 너무 관심을 가지지는 마세요. 나는 수줍음이 많답니다. 나는 대부분 란타넘족들과 함께 지내기 때문에 '희토류' 원소족에 포함되기도 합니다. 내 이름은 스칸디나비아를 나타내는 라틴어에서 따왔어요. 나는 비싼 알루미늄 자전거의 뼈대와 알루미늄 야구방망이를 단단하게 하는 데 사용됩니다.

스칸듐

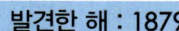

발견한 해 : 1879

Sc

- 밀도   2.985g/cm³
- 녹는점   1541℃
- 끓는점   2830℃

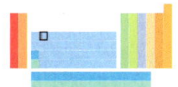

타이타늄(티탄) 22

전이원소족

- 기호 : Ti
- 원자 번호 : 22
- 원자량 : 47.867

- 색 : 맑고 빛나는 은색
- 표준 상태 : 25℃에서 고체
- 분류 : 금속

타이타늄(티탄)

나는 빛이 나고 번쩍이며 아주 단단하고 모든 화학적 공격에도 잘 견뎌요. 이산화물(나와 산소 두 원자가 결합한 것) 화합물이 되면 나는 밝은 흰색을 나타내서 훌륭한 페인트가 돼요. 주변으로 잘 퍼지죠. 이 화합물 때문에 페인트, 종이, 자외선 차단제, 치약, 식품 색소, 세라믹 산업의 왕이 됐어요. 주로 가볍고 강한 초강도 합금을 만들 수 있어서 비행기와 우주선을 만드는 데 사용된답니다.

- 밀도   4.507g/cm³
- 녹는점   1668℃
- 끓는점   3287℃

Ti

발견한 해 : 1791

23 바나듐

■ 전이원소족

- 기호 : V
- 원자 번호 : 23
- 원자량 : 50.942
- 색 : 은회색
- 표준 상태 : 25℃에서 고체
- 분류 : 금속

나의 아름다움은 끝이 없어요. 스칸디나비아의 미와 사랑의 여신인 '바나디스(Vanadis)'에서 이름을 따왔어요. 여러 가지 이온 상태에 따라서 밝고 아름다운 보라색, 녹색, 청색, 노란색 용액의 무지개를 만들 수 있죠.

대부분의 전이원소처럼 색을 가진 나의 화합물들은 촉매(화학반응이 더 빠르게 일어날 수 있게 해 주는 물질)로 이용될 수 있어요. 나는 황산을 만드는 '접촉법'에서 필수적인 촉매예요. 황산은 오늘날 세계에서 가장 중요한 산업용 화학물질이랍니다. 나는 헨리 포드의 모델-T 자동차에 사용된 중요한 강철 합금의 일부로도 이용됐어요. 내가 없었다면 자동차 산업도 생겨나지 못했을 거예요.

발견한 해 : 1801

- 밀도   6.110g/cm³
- 녹는점   1910℃
- 끓는점   3407℃

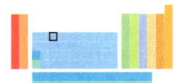

V

바나듐

24 크로뮴(크롬)

■ 전이원소족

☀ 기호 : Cr
☀ 원자 번호 : 24
☀ 원자량 : 51.996

☀ 색 : 매우 광택이 나는 은색
☀ 표준 상태 : 25℃에서 고체
☀ 분류 : 금속

나는 매우 번쩍거려요. 여러분은 나를 자전거나 멋진 부엌 가구를 광택이 나도록 장식하는 금속으로 알고 있지만, 이런 아름다운 면 이외에도 훨씬 더 많은 면을 가지고 있어요. 나는 (산화 상태에 따라서) 빨간색에서 녹색, 주황색, 노란색에 이르기까지 멋진 색으로 나타날 수 있어서, 내 이름은 '색'을 나타내는 그리스어 '크로마(chroma)'에서 따왔어죠. 나는 루비의 빨간색을 나타내며, 스테인리스강을 '녹슬지 않게' 해 준답니다. 나의 기록은 결코 녹스는 법이 없어요!

나를 광택이 나도록 하는 방법은 간단해요. 단지 천으로 문지르기만 하면 되거든요. 나는 거의 부식이 되지 않아요. 이 때문에 한때 강철 표면의 녹을 막는 보호층(도금)으로 사용됐어요. 구형 자동차의 고전적이면서도 거울 같은 금속 표면을 만드는 데에도 사용됐죠.

발견한 해 : 1797

● 밀도 $7.140 g/cm^3$
● 녹는점   1907℃
● 끓는점   2671℃

Cr

크로뮴(크롬)

25 망가니즈(망간)

■ 전이원소족

- ☀ 기호 : Mn
- ☀ 원자 번호 : 25
- ☀ 원자량 : 54.938
- ☀ 색 : 은색
- ☀ 표준 상태 : 25℃에서 고체
- ☀ 분류 : 금속

나는 단단하고 깨지기 쉬운 금속이에요. 대양 바닥의 암석에 엄청난 양으로 들어 있고 강철을 만드는 데 가장 폭넓게 사용되죠. 강철은 나와 결합해서 합금이 되면 훨씬 단단해져요.

다른 전이금속들처럼 많은 다른 형태(산화 상태)로 존재할 수 있으며 비밀요원처럼 모습을 바꿀 수도 있어요. 나는 분홍색, 검은색, 녹색, 진한 보라색이 될 수 있죠.

나와 너무 오래 지내다 보면 여러분의 마음을 내가 엉망으로 만들 수 있어요. 나는 몸에서 중요한 역할을 하지만, 내가 너무 몸속에 많이 들어 있으면 여러분은 '망가니즈 정신이상'에 걸릴 수 있거든요. 이것은 환각을 일으키는 무서운 정신병이에요. 또 나는 파킨슨병과도 관련이 있어요.

발견한 해 : 1774

- ● 밀도　　7.470g/cm³
- ● 녹는점　1246℃
- ● 끓는점　2061℃

Mn

망가니즈(망간)

26 철

■ 전이원소족

※ 기호 : Fe
※ 원자 번호 : 26
※ 원자량 : 55.845

※ 색 : 회색
※ 표준 상태 : 25℃에서 고체
※ 분류 : 금속

나는 모든 것의 중심이에요. 나는 핵이에요. 혈액에서 산소를 신체로 운반하는 헤모글로빈의 주요 원소로, 여러분을 살 수 있게 해 준답니다.

지구 중심으로 계속 들어가다 보면 중심에서 나를 보게 될 거예요. 여러분이 사는 지구에서 가장 풍부한 원소이며 또 문명의 중심이죠.

나는 인류가 알고 있는 금속 중에서 가장 중요한 금속입니다. 도구와 무기로 사용되어 고대 세계를 변화시켰어요. 소량의 탄소와 섞여서 강철이 되었을 때 가장 유용하죠. 그러나 나도 결점이 없는 것은 아니에요. 공기나 물에 닿으면 쉽게 산화되어, 내게 항상 문젯거리가 되는 녹이 생기거든요.

처음 사용한 때 : 기원전 2500년경

● 밀도　　7.874g/cm^3
● 녹는점　1538℃
● 끓는점　2861℃

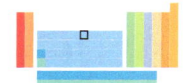

철

27 코발트

■ 전이원소족

- ☀ 기호 : Co
- ☀ 원자 번호 : 27
- ☀ 원자량 : 58.933

- ☀ 색 : 회색
- ☀ 표준 상태 : 25℃에서 고체
- ☀ 분류 : 금속

신비롭고 매력적인 나는 지하 세계의 꼬마 마귀예요. 나의 이름은 독일 광부들이 나를 '마귀'를 의미하는 '코볼트(kobold)'로 부른 데서 유래하였죠. 광부들은 내가 은처럼 더 귀한 금속을 얻지 못하게 한다고 생각했어요.

수백 년 동안 나의 화합물은 유리에 색을 넣는 데 사용되곤 했어요. 내 생각에 청색이 가장 잘 알려진 색이지만 화합물에서는 녹색과 분홍색이 유명해요.

코발트

발견한 해 : 1735

Co
- ● 밀도   8.900g/cm³
- ● 녹는점   1495℃
- ● 끓는점   2927℃

니켈 28

전이원소족

- 기호 : Ni
- 원자 번호 : 28
- 원자량 : 58.693
- 색 : 은색
- 표준 상태 : 25℃에서 고체
- 분류 : 금속

니켈

몇몇 사람은 나를 변장한 악마로 생각해요. 종종 구리로 잘못 알려지기 때문이죠. 내 이름은 '악마의 구리'를 의미하는 독일어 '쿠페르니켈(kupfernickel)'에서 따왔어요.

나는 다른 전이금속 원소들과 잘 어울리며, 더 단단하고 부식이 되지 않는 재료용 합금을 만드는 데 매우 뛰어나답니다. 여러분은 나를 전지 주변이나 특히 열에 강한 재료들에서 찾을 수 있어요.

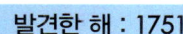

발견한 해 : 1751

- 밀도   8.908g/cm³
- 녹는점   1455℃
- 끓는점   2913℃

Ni

29 구리

■ 전이원소족

* 기호 : Cu
* 원자 번호 : 29
* 원자량 : 63.546
* 색 : 붉은색
* 표준 상태 : 25℃에서 고체
* 분류 : 금속

나는 역사를 탄생시키고 문명을 만든 오래된 금속이에요. 순수한 금속이나 주석과 섞인 청동으로 수백 년 동안 장식품과 실제 도구를 만드는 데 이용됐어요. 주석과 함께 청동시대의 바탕을 마련했죠.

나는 붉은색 기운을 띠지만 몇 가지 염들은 진한 청색이어서 금속 중에서 독특해요. 실제로 많은 해양 생물의 피는 내가 들어 있기 때문에 푸른색이죠.

나는 매우 부유한 가족의 가난한 친척이에요. 은, 금과 함께 우리는 '화폐 금속'이라고 불리죠. 그러나 오늘날에는 나만 소량으로 (아연과 함께) 동전에 사용되고 있어요. 나는 전기와 열의 매우 훌륭한 전도체이므로 전선에도 사용된답니다.

처음 사용한 때 : 기원전 4500년경

● 밀도   8.920g/cm^3
● 녹는점   1084.62℃
● 끓는점   2927℃

구리

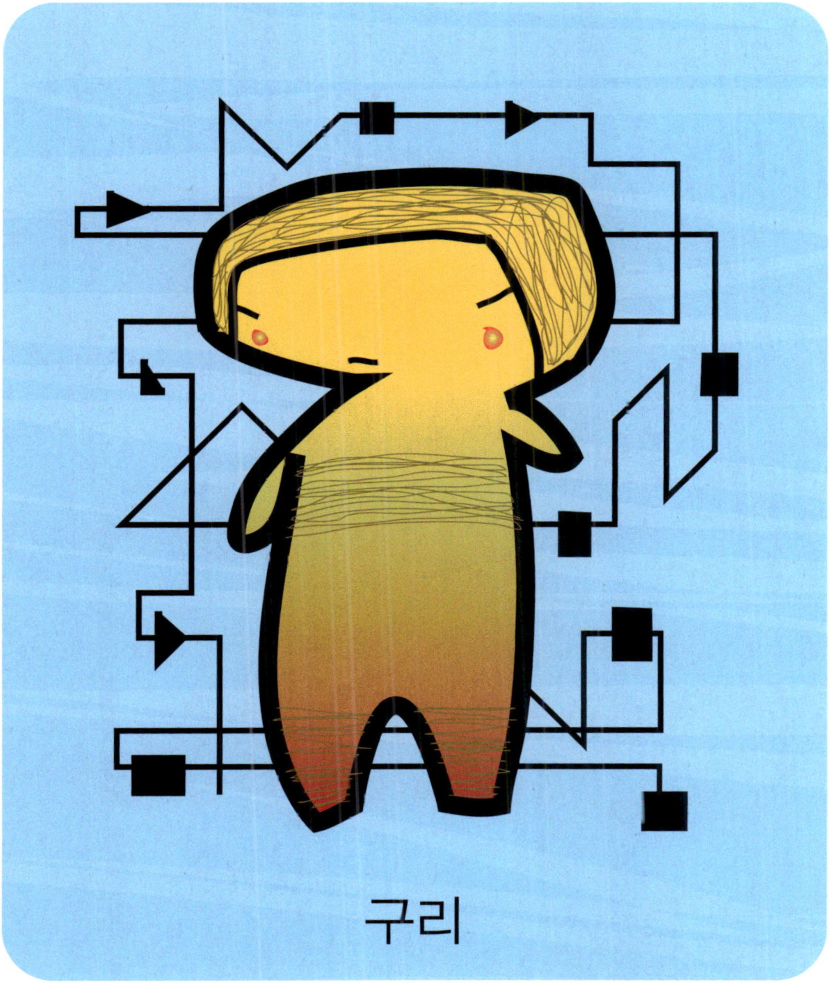

30 아연

■ 전이원소족

※ 기호 : Zn
※ 원자 번호 : 30
※ 원자량 : 65.38

※ 색 : 청회색
※ 표준 상태 : 25℃에서 고체
※ 분류 : 금속

보호 작용과 봉사 작용을 하는 나는 여러분이 생각하는 것보다 더 유용하답니다. 나는 항상 다른 금속과 잘 섞이는 사회성이 좋은 원소예요. 내가 구리와 결합하여 만든 황동은 아마도 가장 잘 알려진 합금일 거예요. 내 모습 자체는 전지에서 찾아볼 수 있어요.

나의 원자들이 철 표면에 얇은 층을 이루면, 나는 철에 '전기를 흐르게' 하여 물과 산소가 철을 녹슬게 하는 것을 막아요. 내가 긁혀서 철이 노출되더라도, 강철에서 철이 부식하기 전에 나는 재빠르게 산화 아연을 형성하죠. 또 흰색의 산화 아연으로 된 자외선 차단제는 자외선 때문에 생기는 화상으로부터 사람들을 보호해요. 수영장의 인명 구조원들은 흔히 코나 뺨에 자외선 차단제를 바르죠.

또 나는 많은 신체 과정의 필수 원소로, 영양보충제를 통해서도 섭취된답니다.

발견한 해 : 1500

● 밀도   7.140g/cm^3
● 녹는점   419.53℃
● 끓는점   907℃

Zn

아연

39 이트륨

■ 전이원소족

- 기호 : Y
- 원자 번호 : 39
- 원자량 : 88.906
- 색 : 광택이 없는 백색
- 표준 상태 : 25℃에서 고체
- 분류 : 금속

나는 희귀하지만, 금속으로서 흥미로운 점은 없어요. 그러나 놀라운 첨가제 역할을 한답니다. 모든 종류의 화합물에 양념 역할을 하여 놀라운 성질을 가진 초강력 결정을 만들어요. 예를 들어 YAG* 결정은 금속을 자르는 레이저를 발생하고, YBCO** 결정은 강력한 초전도체입니다.

* YAG(이트륨-알루미늄-석류석) 결정은 강한 레이저 빛을 만들 수 있다.
** YBCO(이트륨 바륨 구리 산화물) 결정은 저항 없이 전기를 전도하는 초전도체 물질 중 하나이다.

발견한 해 : 1794

이트륨

Y

- 밀도   4.472g/cm³
- 녹는점   1526℃
- 끓는점   3336℃

지르코늄 40

전이원소족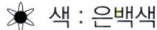

- 기호 : Zr
- 원자 번호 : 40
- 원자량 : 91.224

- 색 : 은백색
- 표준 상태 : 25℃에서 고체
- 분류 : 금속

나는 단단하고 작은 손님이에요. 열에 매우 강해서 녹은 금속들을 옮기는 국자로 사용하죠. 나는 화학 공격의 영향도 받지 않아서 원자로 안벽에 사용될 수도 있어요. 내가 까칠한 작은 결정들로 이루어진 지르코니아를 만들면 다이아몬드만큼 단단해지고 아름답죠. 나를 칼날로 만들면 믿을 수 없을 정도로 날카로워요. 어때요, 내가 가장 센 것 같지 않나요?

- 밀도　　6.511g/cm³
- 녹는점　1855℃
- 끓는점　4409℃

발견한 해 : 1824

41 나이오븀(니오브)

■ 전이원소족

- 기호 : Nb
- 원자 번호 : 41
- 원자량 : 92.906
- 색 : 회백색
- 표준 상태 : 25℃에서 고체
- 분류 : 금속

내 이름은 그리스 여신 니오베에서 따 왔어요. 니오베는 탄탈루스* 신의 딸인데, 나이오븀과 탄탈럼이 매우 비슷하기 때문에 이렇게 이름이 붙여졌죠. 나는 청색, 녹색, 노란색, 자주색, 보라색의 산화물을 만드는 아름다운 금속이에요. 나는 냉정하게 행동하고 화학반응에 쉽게 참여하지 않지만, 윙크하는 배꼽 장식물이나 로켓에 사용하는 초합금에서 나를 볼 수 있을 거예요.

나이오븀(니오브)

* 제우스의 아들 중 한 명.

발견한 해 : 1801

Nb

- 밀도   8.57g/cm³
- 녹는점   2477℃
- 끓는점   4744℃

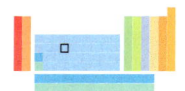

몰리브데넘(몰리브덴) 42

전이원소족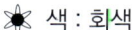

- ☀ 기호 : Mo
- ☀ 원자 번호 : 42
- ☀ 원자량 : 95.96

- ☀ 색 : 회색
- ☀ 표준 상태 : 25℃에서 고체
- ☀ 분류 : 금속

몰리브데넘(몰리브덴)

나는 정말로 단단한 알갱이예요. 그러니까 나를 '몰리'*라고 부르지 마세요. 나를 강철에 넣으면 강철이 초탄성과 열저항성을 갖게 돼요. 흔히 납의 광석에 섞여 나오며, 내 이름도 '납과 비슷한 것'이라는 뜻이에요. 식물이 영양을 위해 공기 중의 질소를 붙잡고 불필요한 황을 제거하는 것을 도와주기 때문에 나는 식물의 친구랍니다.

* 영어로 '나약한 남자아이'라는 뜻.

발견한 해 : 1781

- ● 밀도   10.280g/cm³
- ● 녹는점   2623℃
- ● 끓는점   4639℃

Mo

43 테크네튬

■ 전이원소족

- 기호 : Tc
- 원자 번호 : 43
- 원자량 : 97.907
- 색 : 빛나는 회색
- 표준 상태 : 25℃에서 고체
- 분류 : 금속

우우! 나 같은 방사성 친구가 안정한 전이원소 가운데 있을 줄은 생각도 못했죠? 자, 보세요. 나는 핵반응 생성물이지만 좋은 힘도 가지고 있죠. 나의 방사능은 의사들이 신체를 들여다보고 암을 찾을 수 있게 해 줍니다. 하루에도 수만 명의 사람들이 내가 들어 있는 주사를 맞고 있어요.

테크네튬

발견한 해 : 1936

Tc

- 밀도 11.5g/cm³
- 녹는점 2157℃
- 끓는점 4265℃

루테늄 44

전이원소족

- 기호 : Ru
- 원자 번호 : 44
- 원자량 : 101.07

- 색 : 은거울
- 표준 상태 : 25℃에서 고체
- 분류 : 금속

루테늄

나는 비밀스런 원소예요. 많은 사람들은 나에 대해 들어 보지도 못했을 거예요. 나는 그렇게 비밀스럽게 지내고 싶어요. 빛나는 백금족의 구성원이지만 다른 구성원들처럼 그렇게 비싸지는 않아요. 나의 초강도는 마모를 막아 주기 때문에 나는 주로 전기 회로에 사용돼요. 고급스런 펜의 펜촉에서도 나를 볼 수 있답니다.

- 밀도　　12.37g/cm³
- 녹는점　2334℃
- 끓는점　4150℃

Ru

발견한 해 : 1844

45 로듐

■ 전이원소족

- 기호 : Rh
- 원자 번호 : 45
- 원자량 : 102.91
- 색 : 은백색
- 표준 상태 : 25℃에서 고체
- 분류 : 금속

나는 반응하기를 꺼려 하고 정말로 희귀해요. 덕분에 가격이 꽤 비쌉니다. 나는 금을 녹일 정도로 센 산이기 때문에 곁에 아무도 오려 하지 않죠. 그래서 분자들을 분해하는 데는 달인이에요. 자동차의 촉매 변환 장치*에서 백금과 팔라듐과 함께 온실 기체와 싸우고 있는 나를 찾아볼 수 있을 거예요.

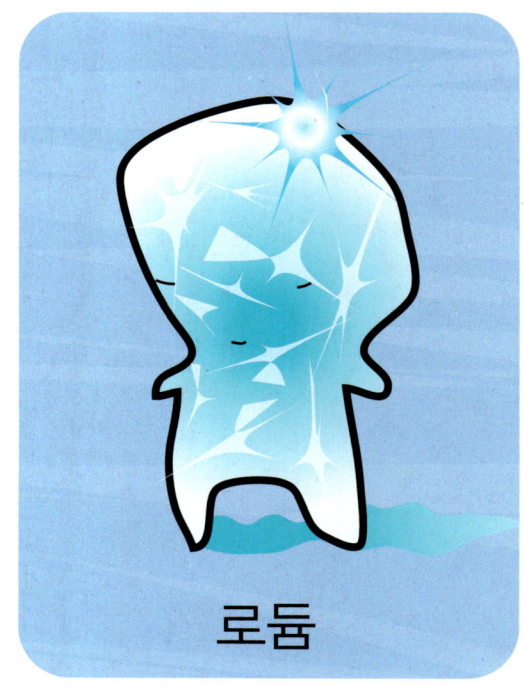

로듐

* 자동차 배기 가스의 유해 성분을 다른 성분으로 바꾸어 주는 장치.

발견한 해 : 1803

Rh

- 밀도   12.45g/cm³
- 녹는점   1964℃
- 끓는점   3695℃

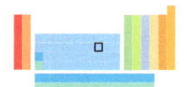

팔라듐 46

전이원소족

- 기호 : Pd
- 원자 번호 : 46
- 원자량 : 106.42

- 색 : 은색
- 표준 상태 : 25℃에서 고체
- 분류 : 금속

나는 반응의 촉매 작용을 하는 놀랄 만한 기술 때문에 산업 세계에서 팔방미인으로 통해요. 그래서 사람들은 내 사촌인 백금보다도 나를 더 많이 찾는답니다.

그 비밀은 내 표면의 구멍에 숨어 있어요. 나는 자동차의 촉매 변환 장치에서 열심히 일을 하고 있어요. 해로운 탄화수소가 방출되는 것을 막기 때문에 지구를 보호하고 있답니다.

- 밀도   12.023g/cm³
- 녹는점 1554.9℃
- 끓는점 2963℃

Pd

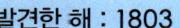
발견한 해 : 1803

47 은

■ **전이원소족**

- ✸ 기호 : Ag
- ✸ 원자 번호 : 47
- ✸ 원자량 : 107.87
- ✸ 색 : 은색
- ✸ 표준 상태 : 25℃에서 고체
- ✸ 분류 : 금속

나는 반짝이는 별처럼 빛나고 매력적이에요. 나를 화폐나 보석이나 촛대로 만들면 은은한 반짝임 때문에 사람들이 몹시 탐을 내죠. 그러나 공기에 닿으면 어쩔 수 없이 황화 은이 만들어져서 항상 금에게는 진답니다. 이것은 검은 변색 층을 형성하기 때문에 닦아 내야 해요.

나는 연하고 유연성이 있어서 다루기가 아주 쉬워요. 치과의사들은 은충전제(아말감이라고도 하며 실제 대부분은 수은임)에 나를 약간 사용해요. 나는 원소들 중 전기 전도성이 가장 좋아서 전기 기기에 흔히 사용돼요. 브로민화 은이나 아이오딘화 은은 빛에 매우 민감하기 때문에 셀룰로이드 막에 입혀서 사진이나 영화 필름용 필름을 만드는 데 이용하지요. 그러나 요즘은 디지털 카메라가 필름을 없애 버렸어요. 아마도 나는 앞으로 박테리아를 죽이는 성질 때문에 더 유명해질 거예요.

처음 사용한 때 : 기원전 3000년경

- ● 밀도   10.490g/cm³
- ● 녹는점   961.78℃
- ● 끓는점   2162℃

이

48 카드뮴

■ 전이원소족

- 기호 : Cd
- 원자 번호 : 48
- 원자량 : 112.41
- 색 : 청색이 감도는 은회색
- 표준 상태 : 25℃에서 고체
- 분류 : 금속

또 회색의 반짝이는 전이금속이구나 하고 생각하겠죠. 나는 매우 안정한 원소여서 강철에 섞이거나 강철 표면에 입혀지면 강철이 부식되지 않아요. 지루하다구요? 그러나 잠깐만 기다리시라. 나의 평범한 겉모습 아래에는 화려한 볼거리가 숨겨져 있어요. 나는 화려한 코트를 입고 있죠.

내 원자들과 다른 원자들이 결합하면 화려한 빨강, 진한 노랑, 빛나는 녹색을 내뿜어요. 내 화합물들은 훌륭한 페인트가 되죠. 유명한 화가인 모네는 '카드뮴 노랑' 색소를 사용하겠다고 맹세할 정도였어요. 또 나는 니켈과 팀을 이루어서 충전용 전지를 만들어요. 그러나 나를 너무 가까이 하면 병이 나요. 수돗물이나 먹이사슬에 내가 들어가면 수은이나 납처럼 몸에 쌓이는 경향이 있지요. 이 때문에 전지를 올바르게 재활용하는 것이 중요합니다!

| 발견한 해 : 1817 |

- 밀도   8.65g/cm³
- 녹는점   321.07℃
- 끓는점   767℃

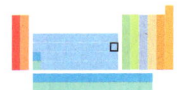

Cd

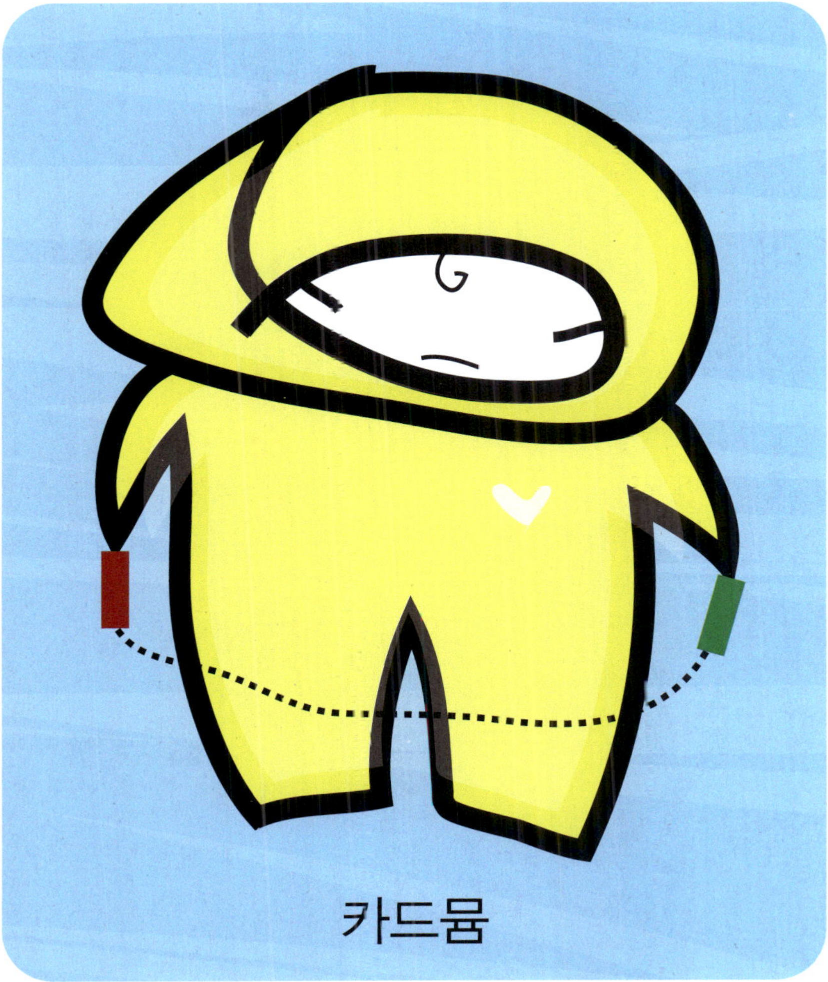

카드뮴

72 하프늄

■ 전이원소족

- 기호 : Hf
- 원자 번호 : 72
- 원자량 : 178.49
- 색 : 철 광택
- 표준 상태 : 25℃에서 고체
- 분류 : 금속

중요한 것은 말하는 것이 아니라 하는 일이죠. 나는 격렬한 원자로의 맹렬한 불길 속에서 흩어지는 중성자들을 먹어치우는 무서운 원소예요. 내가 만드는 초합금은 매우 단단하고 열에 강해서 우주선에 사용되지요. 나는 텅스텐과 탄소와 함께 섞이면 알려진 화합물 중 가장 녹는점이 높은 물질이 된답니다.

하프늄

발견한 해 : 1922

Hf

- 밀도　　13.31g/cm³
- 녹는점　2233℃
- 끓는점　4603℃

탄탈럼 73

전이원소족

- 기호 : Ta
- 원자 번호 : 73
- 원자량 : 180.95

- 색 : 청회색
- 표준 상태 : 25℃에서 고체
- 분류 : 금속

탄탈럼

나는 좀 이국적인 친구죠! 아프리카의 콩고공화국 출신이지만, 가까이에서 흔히 볼 수 있어요. 나는 거의 모든 소형 전자 기구에서 전류를 저장하고 충전하고 방전하는 데 이용돼요. 나는 부식이 전혀 되지 않아요. 신체의 대체품으로 사용되는 두 가지 금속 중 하나예요. 감탄할 만하죠?

- 밀도   16.65g/cm³
- 녹는점   3017℃
- 끓는점   5458℃

Ta

발견한 해 : 1802

74 텅스텐

■ 전이원소족

- 기호 : W
- 원자 번호 : 74
- 원자량 : 183.84
- 색 : 회백색
- 표준 상태 : 25℃에서 고체
- 분류 : 금속

나는 모든 금속 중에서 녹는점과 끓는점이 가장 높은 녀석 중 하나죠. 끓는점이 6000℃ 가까이 되기 때문에 내가 액체가 되거나 끓는 것을 거의 볼 수 없답니다. 실제로 나는 단지 못보다 조금 더 단단합니다.

나는 방탄 장갑 장비로 군인을 보호할 뿐만 아니라, 전구의 필라멘트로 세상을 밝히는 데에도 이용된답니다.

텅스텐

발견한 해 : 1783

W

- 밀도   19.250g/cm³
- 녹는점   3422℃
- 끓는점   5555℃

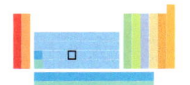

레늄 75
전이원소족

- 기호 : Re
- 원자 번호 : 75
- 원자량 : 186.21
- 색 : 회백색
- 표준 상태 : 25℃에서 고체
- 분류 : 금속

날 좀 봐주세요! 나는 정말로 희귀하고 아주 비싼 물질이랍니다. 존재하는 양이 거의 없죠. 나는 자연적으로 존재하면서 안정한 마지막 원소랍니다. 놀라울 정도로 단단하고 열에 강해요. 나는 전혀 물러지지 않기 때문에 제트 엔진과 로켓을 만드는 초합금에서 중요한 역할을 합니다. 잘 알려지지 않은 사실이 있는데 하마터면 나에게 '니포늄'이라는 이름이 붙을 뻔했답니다.

발견한 해 : 1925

- 밀도   21.02g/cm³
- 녹는점   3186℃
- 끓는점   5596℃

Re

76 오스뮴

■ 전이원소족

- 기호 : Os
- 원자 번호 : 76
- 원자량 : 190.23
- 색 : 연한 은빛 청색
- 표준 상태 : 25℃에서 고체
- 분류 : 금속

나는 이리듐과 가장 무거운 원소 자리를 놓고 다툰답니다. 한때 이기기도 했지만, 아마도 우승 자리를 공동으로 써야 할 것 같아요. 왜냐하면 나는 항상 이리듐과 많은 시간을 보내기 때문이죠. 사람들은 우리를 함께 오스미리듐이라고도 부르고, 고급 펜촉에도 사용해요. 나의 많은 화합물들에서는 고약한 냄새가 나기 때문에, 나를 '냄새나는 원소'라고 부를 수도 있겠네요!

오스뮴

발견한 해 : 1803

Os

- 밀도   22.61g/cm³
- 녹는점   3033℃
- 끓는점   5012℃

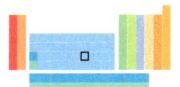

이리듐 77

전이원소족

- 기호 : Ir
- 원자 번호 : 77
- 원자량 : 192.22
- 색 : 은백색
- 표준 상태 : 25℃에서 고체
- 분류 : 금속

이리듐

나는 명확하게 색을 띤 것은 아니지만 분명히 매력적인 원소예요! 나를 가지고 만든 물건들은 마치 여러 색의 코트를 입은 것처럼 반짝거리죠. 강하고 단단하고 부서지기 쉬우며 희귀한 금속인 백금족에 속해요. 백금에 비하면 풍부하지 못한 편이지만, 여러분은 나를 휴대폰이나 태블릿 PC의 터치 스크린에서 찾아볼 수 있어요.

- 밀도   22.65g/cm^3
- 녹는점   2466℃
- 끓는점   4428℃

발견한 해 : 1748

Ir

78 백금

■ 전이원소족

* 기호 : Pt
* 원자 번호 : 78
* 원자량 : 195.08
* 색 : 은백색
* 표준 상태 : 25℃에서 고체
* 분류 : 금속

나는 가장 고상한 것을 상징하는 데 사용된답니다. 금보다 더 희귀하고 더 비싸죠. 남아프리카와 러시아에서 발견되며, 밝게 빛나는 금속이에요. 나는 보석을 만드는 데 이용되죠. 끝없이 매력적인 광택 때문에 숭배를 받아요. 진정한 귀부인의 금속이라고 할 수 있어요. 부식이 되지 않아 변함없이 믿음직스러우며 결코 광택을 잃지 않아요.

가장 귀중한 용도 중 하나는 나의 많은 전이금속 동료처럼 공업 반응에서 촉매로 사용되는 거예요.

나는 거의 변화하지 않고 유지되는 능력이 있기 때문에 킬로그램 표준 원기를 만드는 재료로 선택됐어요. 이 원기는 프랑스 파리에 있는 국제도량형국에 보관되어 있죠. 또 다른 나의 놀라운 재능은 항암제의 필수 성분이 되고 있다는 거예요.

발견한 해 : 1735

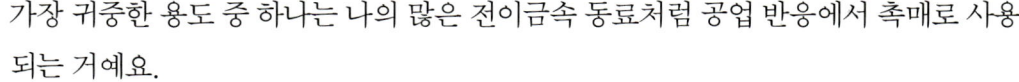

● 밀도　　21.090g/cm³
● 녹는점　1768.3℃
● 끓는점　3825℃

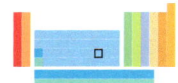

백금

79 금

■ 전이원소족

✺ 기호 : Au
✺ 원자 번호 : 79
✺ 원자량 : 196.97

✺ 색 : 금색
✺ 표준 상태 : 25℃에서 고체
✺ 분류 : 금속

나는 가장 희귀하거나 가장 비싼 원소는 아니지만 모두들 가장 바라는 거예요. 사람들을 몰려들게 하는 골드러시*의 왕이자, 마지막까지 사람들의 관심을 끄는 금속이죠. 또 보석으로 치장하는 파티를 좋아해요. 사실 나는 (금속으로서는) 물렁물렁해서 다루기가 쉬우며 매우 빛나게 광택을 낼 수 있어요.

나의 매력은 부식(산화)이 되지 않는다는 점이에요. 그래서 땅속에서 순수한 형태로 있을 수 있어요. 항상 반짝이는 유혹으로 남아 있죠. 나는 보석, 대부분의 전기 기구(나는 매우 좋은 전기 전도체예요), 치아의 치관, 관절염 치료제에서 찾아볼 수 있어요. 물론 금괴도 있죠. 순도는 캐럿으로 측정하는데 24캐럿이 가장 순수한 상태이지만, 다른 금속과 합금을 이루어 22, 18, 14, 9-캐럿 금이 될 수 있어요.

*금광이 발견된 지역으로 사람들이 몰려드는 현상.

처음 사용한 때 : 기원전 3000년경

● 밀도   19.300g/cm^3
● 녹는점   1064.18℃
● 끓는점   2856℃

금

80 수은

■ 전이원소족

- ※ 기호 : Hg
- ※ 원자 번호 : 80
- ※ 원자량 : 200.59
- ※ 색 : 은색
- ※ 표준 상태 : 25°C에서 액체
- ※ 분류 : 금속

민감하고 치명적인 것, 그건 바로 나예요. 불길한 은빛의 살인자인 나는 이상하고 비밀스러운 액체 금속이며 쉽게 증발하여 독성 증기를 만들죠. 나는 일할 때 질산 수은을 사용하는 모자 장인들에게 '수은 광기'라고 하는 이상한 정신 착란을 일으키죠. 나의 뇌에 대한 독성은 전설적이고, 대부분 형태의 나는 치명적이랍니다.

나는 동물의 신체에 쌓이는 경향이 있으며, 특히 나로 오염된 물속의 물고기들에 쌓여요. 오염된 물고기를 먹은 생물의 신경계도 공격하죠. 연금술사들은 나를 천한 금속을 금으로 만드는 열쇠라고 잘못 생각했어요. 나는 한때 금의 채광, 충치 치료, 온도계에 널리 사용되었지만, 이제는 건강과 안전 규칙에 따라 사용이 제한되어 찾아보기 어렵게 되었어요.

처음 사용한 때 : 기원전 1500년경

- ● 밀도　　13.534g/cm³
- ● 녹는점　−38.83°C
- ● 끓는점　356.73°C

수은

4장 붕소족 원소

13족

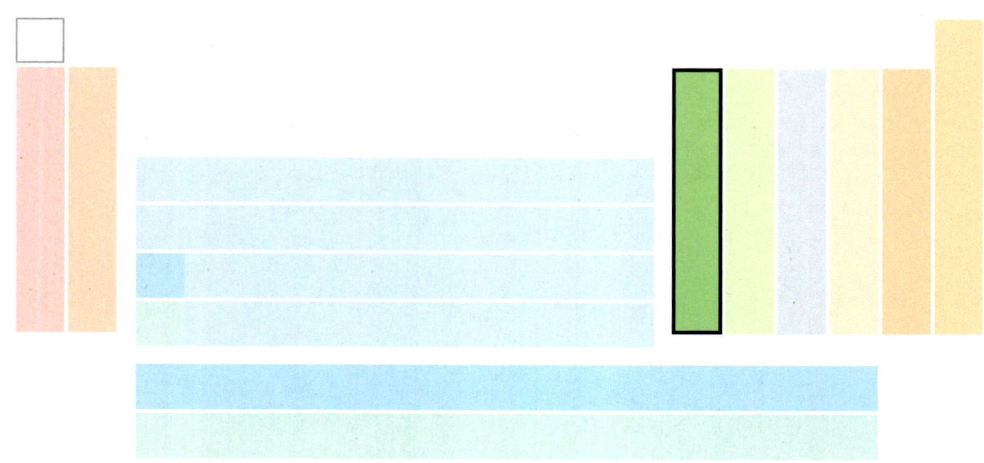

이 오합지졸 원소 무리는 주기율표의 고장 난 가족이에요. 이들은 함께 행동하지 않으며 몇 명은 심지어 같은 유형의 물질도 아니에요. 외롭게 따돌림을 당한 붕소는 특이한 분말형의 비금속이지만, 나머지는 물렁물렁하고 은색이 나며 약한 금속들이랍니다.

족의 위쪽에 있는 금속들은 특별하게도 금속이 아니지만 족의 아래로 내려갈수록 구성원들은 점점 금속과 비슷해져요. 붕소 원소는 많은 다른 화합물을 형성할 정도로 반응성이 매우 크며, 여러 가지 자연 광물이나 광석에 들어 있어요.

5 붕소

■ 붕소족 원소

- 기호 : B
- 원자 번호 : 5
- 원자량 : 10.81
- 색 : 흑갈색
- 표준 상태 : 25℃에서 고체
- 분류 : 비금속

사람들은 나를 '따분한 붕소'라고 놀리죠. 물론 그래요. 그러나 화려하지도 않으며 갈색과 검정의 수수한 차림이지만, 주위에 둘 만큼 멋진 원소예요. 모든 일들이 잘되게 해 주는 촉진제인 데다가 도움을 주는 원소거든요. 더 대담하게 말하자면 자동 시동키랍니다.

실제로 나는 붕사나 붕산의 겉모습을 하고서 유리 제조나 세탁제 제조에 도움을 주거나 산업의 화학반응을 잘 다루고 있어요. 나의 화합물인 질산 붕소는 다이아몬드만큼 단단해요.

간단히 말해서, 여러분은 나를 독불장군이라 생각할 수 있어요. 내가 붕소족 원소 가족에서 금속 친구들과 함께 있는 유일한 비금속이기 때문이죠. 그야말로 나는 흰색 양들 가운데에 있는 '검은 갈색 양'이랍니다.

발견한 해 : 1808

- 밀도　　2.460g/cm³
- 녹는점　2076℃
- 끓는점　3927℃

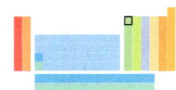

B

붕소

13 알루미늄

■ 붕소족 원소

- 기호 : Al
- 원자 번호 : 13
- 원자량 : 26.982
- 색 : 은회색
- 표준 상태 : 25℃에서 고체
- 분류 : 금속

나는 원래 가벼우면서도 소형 전함같이 단단해서 최우수 금속이 되었어요. 가볍지만 나의 무게보다도 훨씬 힘차게 일할 수 있어요. 단단함과 가벼움의 훌륭한 조화를 이룬 나는 비행기, 알루미늄 깡통, 포일을 만드는 데 이용되죠.

세상에서 세 번째로 풍부한 원소이지만 여러분이 나를 얻기는 어려워요. 나는 광석인 보크사이트에 단단하게 결합되어 있어서, 나를 추출하려면 엄청난 양의 전기가 필요하거든요.

나의 염은 용액에서 불순물을 고체로 밑바닥에 가라앉혀 물을 정수하는 데 도움을 주지만, 독성과도 관련이 있어요. 내가 수돗물에 들어 있으면 사람들의 머리카락을 녹색으로 변화시키고 뇌에 이상을 일으켜요.

발견한 해 : 1825

- 밀도   2.700g/cm³
- 녹는점   660.32℃
- 끓는점   2519℃

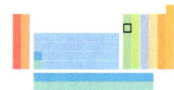

Al

알루미늄

31 갈륨

■ 붕소족 원소

- 기호 : Ga
- 원자 번호 : 31
- 원자량 : 69.723
- 색 : 은색
- 표준 상태 : 25℃에서 고체
- 분류 : 금속

나는 단단하고 반짝이는 금속치고는 약간 감상적인 면도 있어서 당신 손바닥에서 쉽게 녹아 액체가 되지요. 그런 이유 때문에 나는 약간 짓궂은 장난꾸러기랍니다. 나를 이용해 티스푼을 만들어서 따뜻한 차를 젓는다면 말 그대로 티스푼이 사라질 거예요! 나는 비소와 함께 전자 산업에서 인기를 얻고 있으며, 최고의 자리를 두고 규소와도 다툴 수 있어요.

갈륨

발견한 해 : 1875

Ga
- 밀도   5.904g/cm³
- 녹는점 29.76℃
- 끓는점 2204℃

인듐 49

붕소족 원소

- 기호 : In
- 원자 번호 : 49
- 원자량 : 114.82

- 색 : 광택 나는 은색
- 표준 상태 : 25℃에서 고체
- 분류 : 금속

인듐

여보세요, 내가 잘나간다는 것을 믿어 주세요. 녹는점이 낮은 부드럽고 끈적거리는 금속이지만 산소(그리고 주석)와 팀을 이루면 나는 인정을 받을 수 있어요. 산화 인듐 주석은 투명하면서도 전기가 잘 통한답니다. 그래서 태양전지, LCD 디스플레이, 휴대전화의 터치스크린에 사용되고 자동차 유리창의 김서림 방지제로도 이용돼요.

- 밀도   7.31g/cm³
- 녹는점   156.6℃
- 끓는점   2072℃

In

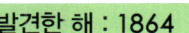
발견한 해 : 1864

81 탈륨

■ 붕소족 원소

- 기호 : Tl
- 원자 번호 : 81
- 원자량 : 204.38
- 색 : 광택이 없는 은색
- 표준 상태 : 25℃에서 고체
- 분류 : 금속

나는 은, 백금, 납에서 가져온 성질들을 모두 뭉쳐 놓은 것처럼 보이는 오리너구리 같은 원소예요. 색도 없고, 냄새도 없고, 맛도 없어서 찾기가 어렵죠. 또 독약으로 작용할 수도 있어요. 일단 몸에 들어가면 포타슘(칼륨)을 흉내 내고 세포 안으로 들어가면 파괴 작용을 일으켜요.

탈륨

Tl

발견한 해 : 1861

- 밀도   11.85g/cm³
- 녹는점   304℃
- 끓는점   1473℃

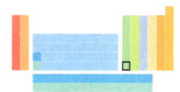

니호늄 113
붕소족 원소

- 기호 : Nh
- 원자 번호 : 113
- 원자량 : 284.18

- 색 : 모름
- 표준 상태 : 25℃에서 고체
- 분류 : 금속

니호늄

내 주변은 무거운 것들이 자리를 잡고 있어요. 나는 2004년에 일본 과학자들에 의해서 발견되었어요. 나는 어두운 입자가속기 안에서 태어나자마자 죽어 가기 시작한답니다. 20초가 지나면 절반이 사라져요 나는 모스코븀이 붕괴할 때 생기기도 하고, 비스무트와 아연 핵을 충돌시켜서 만들기도 한답니다.

- 밀도　　　16g/cm³
- 녹는점　　모름
- 끓는점　　모름

Nh

발견한 해 : 2004

5장 탄소족 원소

14족

이 족에 속하는 교묘한 화학물질들에는 마술사의 망토처럼 예상할 수 없는 점들이 있어요. 그것들 사이에 두드러지게 유사한 점들은 거의 없어요.

탄소는 단단한 (때에 따라서는 투명한) 비금속이지만 주석과 납은 물렁물렁한 금속이에요. 13족처럼 탄소족 원소들은 주기율표 아래로 갈수록 금속성이 강해지죠. 구성원들은 매우 다양한 화합물을 형성한답니다. 그래서 비슷한 물질로 이루어진 집단의 일부로 생각하는 것보다는 각 원소를 따로따로 생각하는 것이 더 좋아요.

6 C 탄소

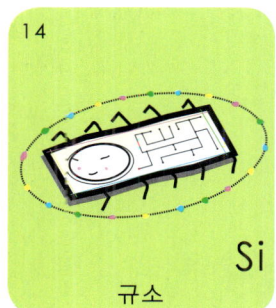
14 Si 규소

32 Ge 저마늄(게르마늄)

50 Sn 주석

82 Pb 납

114 Fl 플레로븀

6 탄소

■ 탄소족 원소

- 기호 : C
- 원자 번호 : 6
- 원자량 : 12.011
- 색 : 검은색
- 표준 상태 : 25℃에서 고체
- 분류 : 비금속

반가워요! 여러분이 어디를 찾더라도 나는 그곳에 있어요. 어디에나 나타나는 그림자 같아서, 여러분은 결코 내게서 빠져나갈 수 없어요! 검은색 예술의 거장인 나는 은밀한 원소로서 검은 숯, 단단하고 빛나는 다이아몬드, 미끄러운 흑연, 놀라운 재료 그래핀, 사랑스러운 버크민스터 풀러렌*처럼 많은 형태로 변할 수 있죠. 나 자신과도 여러 형태의 화학 결합을 할 수 있는 곡예사 같은 능력도 갖고 있어요. 너무 다양하게 변장을 하기 때문에 나만을 다루는 '유기' 화학이 있을 정도라니까요.

나는 모든 생물의 형체를 이룬답니다. 지방이든 당이든 섬유소이든 여러분이 먹는 거의 모든 것은 탄소에 바탕을 둔 화합물이에요. 나는 '탄소 순환'을 통해서 먹이 사슬을 돌아다녀요. 식품에 들어 있다가 사람들의 호흡과 배설을 통해 밖으로 내보내지면 식물에 흡수되어 다시 식품이 된답니다.

*탄소 원자 60개로 이루어진 분자. 축구공 모양처럼 생김.

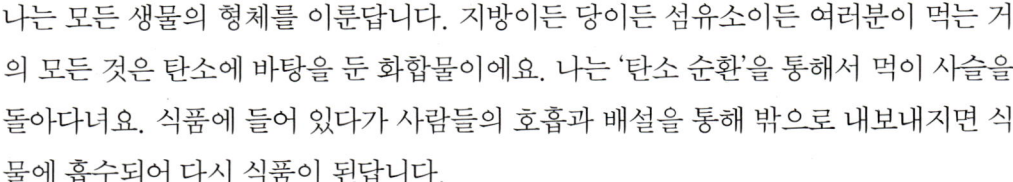

발견한 해 : 모름

- 밀도   2.267g/cm³
- 녹는점   3500℃
- 끓는점   4027℃

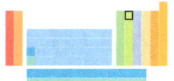

탄소

14 규소

■ 탄소족 원소

- 기호 : Si
- 원자 번호 : 14
- 원자량 : 28.085
- 색 : 광택이 나는 흰색
- 표준 상태 : 25℃에서 고체
- 분류 : 비금속

나의 재미있는 매력 때문에 디지털 세계가 움직이고 있답니다. 붕소나 인과 결합하면 나는 반도체 마법사가 돼요. 이 특별한 능력은 반도체 칩과 컴퓨터 시대를 탄생시켰죠. 미국 캘리포니아에 있는 실리콘밸리는 내 이름에서 딴 거예요.

나는 여러 가지 형태로 나타날 수 있어요. 여러분은 지구에서 두 번째로 많은 원소인 나를 모래, 수정, 부싯돌, 그리고 수많은 다른 광물들에서 찾을 수 있어요. 나는 유명한 실리콘(나와 산소와 유기 원자단이 결합하여 만든 긴 사슬) 형태로 윤활제, 접착제, 신체 임플란트에도 들어간답니다.

나는 유리로 만들면 완벽하게 투명해요. 수정 시계에서 시간을 측정하고, 실리카 겔 형태로 제품의 습기를 제거하죠. 여러분은 전자 기기 포장 상자 안에서 작은 주머니 속에 들어 있는 나를 볼 수 있을 거예요.

발견한 해 : 1824

- 밀도   2.330g/cm³
- 녹는점   1414℃
- 끓는점   2900℃

규소

32 저마늄(게르마늄)

■ 탄소족 원소

- ☀ 기호 : Ge
- ☀ 원자 번호 : 32
- ☀ 원자량 : 72.63
- ☀ 색 : 광택이 있는 회백색
- ☀ 표준 상태 : 25℃에서 고체
- ☀ 분류 : 금속

나는 전자 산업의 조상이에요. 금속과 비금속의 중간에 자리 잡고 있어서 반도체로 작용하는 특별한 능력을 가졌죠. 나는 초기의 트랜지스터에 사용되었지만, 지금은 규소가 나 대신 사용되고 있어요. 그렇지만 나는 전 세계를 연결하는 광섬유 케이블에 사용되고 있답니다. 무척 빠르죠!

저마늄(게르마늄)

발견한 해 : 1886

Ge
- ● 밀도 5.323g/cm³
- ● 녹는점 938.9℃
- ● 끓는점 2820℃

주석 50

탄소족 원소

- 기호 : Sn
- 원자 번호 : 50
- 원자량 : 118.71
- 색 : 광택이 없는 은색
- 표준 상태 : 25℃에서 고체
- 분류 : 금속

주석

나만 가지고 물건을 만들기는 어려워요. 너무 물렁물렁하거든요. 실제로 나는 매우 쉽게 모양을 만들 수 있어요. 문제는 내가 (금속으로서는) 너무 낮은 온도에서 녹는다는 거예요. 그리고 13℃ 이하에서는 고체에서 부서지기 쉬운 가루로 변해요. 나는 모습을 유지하기 위해 다른 금속과 섞이죠. ('주석' 깡통에서는 단지 얇은 코팅 재료로만 이용돼요. 실제로 깡통은 알루미늄이나 철로 만들어지죠.) 나는 구리와 섞이면 청동이 돼요.

처음 사용한 때 : 기원전 3500년경

- 밀도   7.310g/cm³
- 녹는점   231.93℃
- 끓는점   2602℃

Sn

82 납

■ 탄소족 원소

- 기호 : Pb
- 원자 번호 : 82
- 원자량 : 207.2
- 색 : 광택이 없는 어두운 회색
- 표준 상태 : 25℃에서 고체
- 분류 : 금속

나는 다루기가 매우 쉬워서 고대 로마 인들은 수도관으로 이용했어요. 오랫동 안 나는 심하게 비난을 받았어요. 내가 수도관이나 식기에서 먹이사슬로 쉽게 미끄러져 들어가는 좋지 않은 능력을 갖고 있기 때문이에요. 그래서 나는 세 심하게 규제를 받고 있어요. 그렇지만 여전히 엑스선 차단막, 지붕, 색유리에 사용되고 있어요.

납

발견한 해 : 모름

Pb

- 밀도　　11.340g/cm³
- 녹는점　327.46℃
- 끓는점　1749℃

플레로븀 114

탄소족 원소

- 기호 : Fl
- 원자 번호 : 114
- 원자량 : 289.19

- 색 : 모름
- 표준 상태 : 25℃에서 고체
- 분류 : 금속

플레로븀

나는 비교적 신인이고 신비스러운 존재예요. 보통 플루토늄과 칼슘 핵의 결합으로 만들어져요. 만들어지면 분해될 때까지 60초 정도 유지되죠. 이 시간은 다른 무거운 원소들 세계에서는 아주 오랜 시간이에요. 대부분 더 짧은 반감기를 가지고 있답니다. 나는 탄소족에 자리를 잡고 있지만 과학자들은 내가 영족 기체에 더 가까울 것이라고 생각한답니다.

- 밀도   14g/cm³
- 녹는점   모름
- 끓는점   모름

Fl

발견한 해 : 1998

6장 질소족 원소

15족

질소족 원소는 오래전부터 알려졌으며, 자극하면 이상한 성질을 나타내는 연금술과 관련된 족이에요. 이 족은 실제로 잡동사니 물질들, 즉 금속과 비금속과 이상한 준금속으로 이루어져 있어요. 몇 가지 원소들은 두 가지 다른 모습으로 존재하며 기체와 고체가 섞여 있기도 한답니다.

주기율표에 있는 대부분의 다른 족처럼 15족의 원소는 아래로 갈수록 금속성이 커져요. 질소는 색이 없는 기체이지만 비스무트는 부스러지기 쉬운 금속이죠.

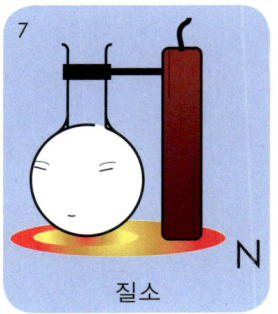
질소

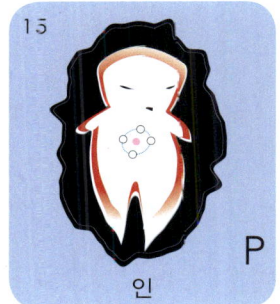
인

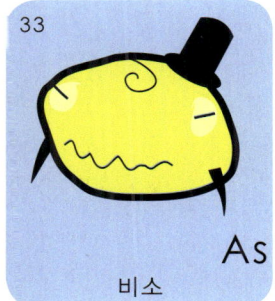
비소

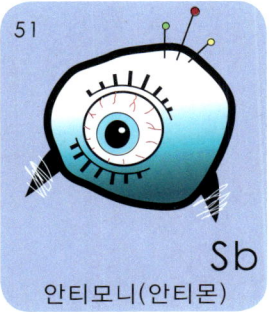
안티모니(안티몬)

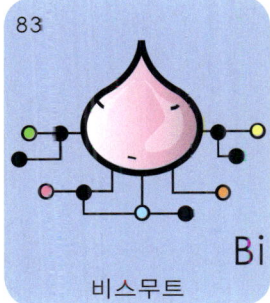
비스무트

모스코븀

7 질소

■ 질소족 원소

- ✹ 기호 : N
- ✹ 원자 번호 : 7
- ✹ 원자량 : 14.007
- ✹ 색 : 없음
- ✹ 표준 상태 : 25℃에서 기체
- ✹ 분류 : 비금속

내 첫인상은 안정되어 보이지만, 폭발하기 쉬운 기질도 가지고 있어요. 여러분은 나를 알아보기 어렵지만 공기의 약 80퍼센트를 차지하고 있으며, 지구의 식물에 필수적인 원소예요.

나는 보통 거의 반응성이 없는 기체이며 질소 원자 두 개(N_2)로 이루어져 있어요. 이 두 원자는 삼중결합이 되어 있어서 분해하기가 어려워요. 이것이 나의 숨겨진 힘이죠. 질소 원자들이 질소 기체를 만들면서 많은 양의 에너지를 내놓거든요. 이 때문에 나를 함유하는 많은 화합물은 폭발물이 될 수 있어요.

나를 공기에서 뽑아 내기는 아주 쉬워요. 액체로 되면 놀라운 냉각제가 되죠. 나는 −200℃ 근처에서는 나와 닿는 거의 모든 것을 얼려 버린답니다.

발견한 해 : 1772

- ● 밀도   1.145g/l
- ● 녹는점   −210.1℃
- ● 끓는점   −195.79℃

N

질소

15 인

■ 질소족 원소

✺ 기호 : P
✺ 원자 번호 : 15
✺ 원자량 : 30.974

✺ 색 : 검은색, 붉은색, 흰색
✺ 표준 상태 : 25℃에서 고체
✺ 분류 : 비금속

호기심을 자아내는 모든 것처럼, 나를 분명히 파악하는 것은 어려워요. 지킬 박사와 하이드 같은 원소이거든요. 생명에 필수적이지만 동시에 사악할 정도로 위험해요. 나는 검은색, 붉은색, 흰색으로 바뀌는 카멜레온이죠. DNA 분자와 신체에 중요한 역할을 하지만 치명적일 수도 있어요. 나의 흰색 형은 공기 중에서도 발화하며 심지어 물 속에서도 타요! 나는 무서운 화상을 일으키는데, 불행하게도 제2차 세계대전 중에는 그런 목적으로 사용됐어요. 나는 사린 가스의 중심 원소예요. 이 치명적인 신경가스를 수많은 테러범들이 사용하고 있어요.

아마 틀림없이 가장 중요한 내 용도는 비료일 거예요. 또 인산으로서(산화제로서) 많은 식품에도 사용돼요. 여러분은 나를 모든 콜라에서 찾아볼 수 있어요. 콜라 같은 청량음료는 녹을 없애는 데 이용할 수도 있답니다.

| 발견한 해 : 1669 |

● 밀도   1.823g/cm³
● 녹는점   44.2℃
● 끓는점   277℃

P

인

33 비소

■ 질소족 원소

- ✸ 기호 : As
- ✸ 원자 번호 : 33
- ✸ 원자량 : 74.922
- ✸ 색 : 회색 또는 노란색
- ✸ 표준 상태 : 25℃에서 고체
- ✸ 분류 : 준금속

절대 실수하지 마세요. 나는 치명적인 원소예요. 나는 살인자를 기쁘게 해 주죠. 건드리면 변장의 명수가 돼요! 일 분 안에 회색의 금속에서 노란색의 비금속으로 변하죠.

나는 금속과 비금속의 성질을 모두 지니고 있기 때문에 준금속이라고 불려요. 개발도상국에서는 산업공해 때문에 마시는 물에 스며들어 가서 대재앙을 일으키기도 한답니다. 정말 위험하죠!

비소

처음 사용한 때 : 1250년경

As

- ● 밀도　　5.727g/cm³
- ● 녹는점　817℃
- ● 끓는점　614℃

안티모니(안티몬) 51

질소족 원소

- 기호 : Sb
- 원자 번호 : 51
- 원자량 : 121.76

- 색 : 은회색
- 표준 상태 : 25℃에서 고체
- 분류 : 준금속

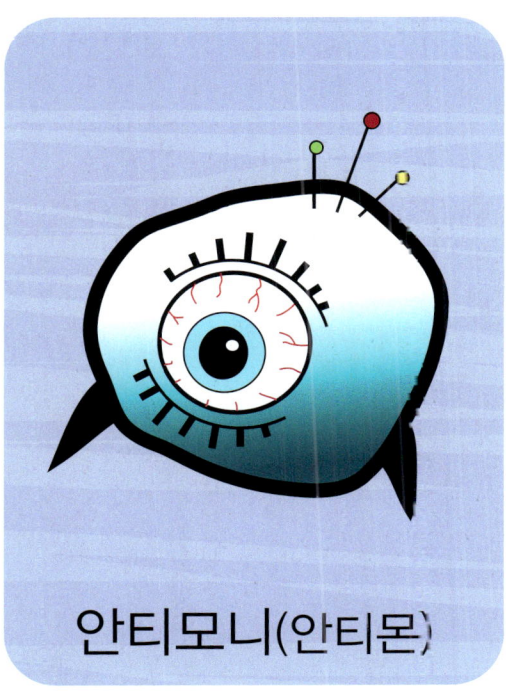

안티모니(안티몬)

나는 흔히 다른 원소와 결합된 채 발견돼요. 호기심을 일으키는 오래된 준금속이죠. 나를 조심스럽게 잘 살펴보세요. 비록 나는 마스카라에 사용되지만 눈에 띄지 않게 보관해야 한답니다. 나는 심한 구토를 일으키고 심지어 죽음에까지 이르게 할 수 있거든요. 내 친구인 비소처럼 한때 살인자들이 나를 좋아했어요. 오늘날에는 흔히 합금과 반도체를 만드는 데 사용되고 있어요.

발견한 해 : 모름

- 밀도   6.697g/cm³
- 녹는점   630.63℃
- 끓는점   1587℃

Sb

83 비스무트

■ 질소족 원소

- 기호 : Bi
- 원자 번호 : 83
- 원자량 : 208.98
- 색 : 은백색
- 표준 상태 : 25℃에서 고체
- 분류 : 금속

사람들은 나와 섞여 있는 주석이나 납과 나를 혼동하는 경향이 있어요. 그러나 나는 아주 특별해요. 방사성 원소가 아닌 것 중에서 가장 무겁거든요. 다른 것들은 방사선을 내면서 더 오래 견디는 원소들을 만들어 쪼개지지만 나는 안정되어 있어요. 쉽게 액체로 변하기 때문에 화재경보기의 부품으로 이용되죠. 내가 강한 열에 녹으면 이것 때문에 경보 장치와 물 분사 장치가 작동된답니다.

비스무트

발견한 해 : 모름

Bi

- 밀도 9.780g/cm³
- 녹는점 271.3℃
- 끓는점 1564℃

모스코븀 115

질소족 원소

- 기호 : Mc
- 원자 번호 : 115
- 원자량 : 288.19
- 색 : 모름
- 표준 상태 : 25℃에서 고체
- 분류 : 금속

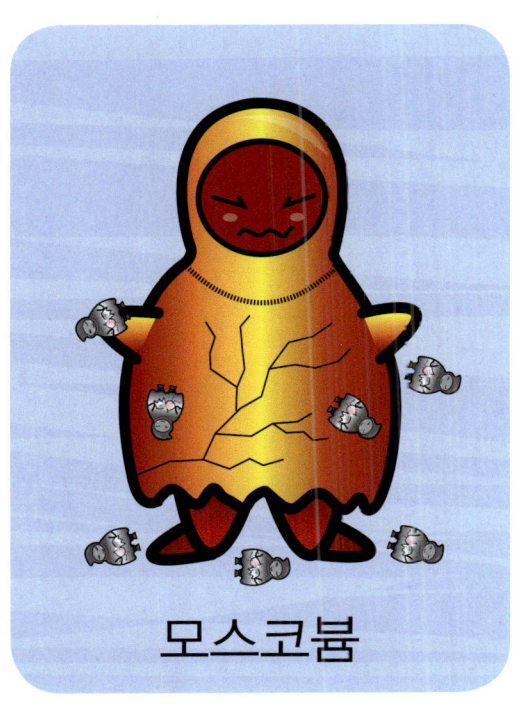

모스코븀

나는 2003년경부터 있을 것이라고 예상되었지만 늦게 발견됐어요. 입자가속기가 없다면 나를 붙잡을 수 없거든요. 그래서 2010년에 발견되었죠. 나를 만들기 위하여 칼슘과 아메리슘을 가까이 가져가면(물론 눈으로 볼 수 없을 만큼 빠르게 충돌시키죠), 곧 220밀리초 후에 다시 분리되고 말아요! 나는 분리되면서 니호늄으로 붕괴한답니다.

발견한 해 : 2010

- 밀도   13g/cm³
- 녹는점   모름
- 끓는점   모름

Mc

7장 산소족 원소

16족

주기율표의 이 부근에 있는 원소들은 가족 단위라기보다는 친구들에 더 가까워요. 고체, 기체, 비금속, 준금속, 심지어 방사성 금속까지 섞여 있어서 친구라는 말보다 더 잘 어울리는 말은 없어요.

그러나 산소족 원소는 중요한 산업 반응들에 참여하면서 많은 생명 과정에서도 필수적인 역할을 담당하는 세계 시민들입니다. 그들은 '칼코겐'이라는 이상한 이름을 자랑하고 있는데, 이것은 '광물 형성물'이라는 뜻으로 그들이 자연에서 흔히 금속과 결합하기 때문에 붙여진 이름이에요.

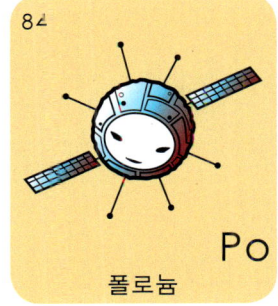

8 산소

■ **산소족 원소**

- 기호 : O
- 원자 번호 : 8
- 원자량 : 15.999
- 색 : 없음
- 표준 상태 : 25℃에서 기체
- 분류 : 비금속

조용하면서도 겸손한 나는 색도 없고 냄새도 없고 맛도 없어요. 몇몇 사람은 개성이 없다고 말하지만 그건 나의 위대함을 잘 모르기 때문에 하는 이야기예요. 나는 지구에서 일어나는 대부분의 화학반응 뒤에 숨어 있는 발전소거든요. 내가 없으면 여러분은 살 수 없어요.

나는 두 개의 원자로 이루어진 기체(O_2)이며, 에너지를 내놓으려는 '산화 반응'에서 다른 물질과 쉽게 결합해요. 여러분이 숨을 쉬면 나는 여러분의 핏속으로 들어가요. 내가 일단 여러분 몸 안으로 들어가면 모든 세포는 생명을 유지하는 화학반응에 연료를 공급하려고 나를 사용해요.

또 세 개의 원자로 된 오존이라고 하는 기체(O_3)에도 들어 있죠. 나는 아주 높은 공중에서 이런 형태를 취해 태양의 해로운 자외선으로부터 지구를 보호하고 있어요.

발견한 해 : 1774

- 밀도   1.308g/l
- 녹는점 −218.3℃
- 끓는점 −182.9℃

산소

16 황

■ 산소족 원소

☀ 기호 : S
☀ 원자 번호 : 16
☀ 원자량 : 32.065
☀ 색 : 연노란색
☀ 표준 상태 : 25℃에서 고체
☀ 분류 : 비금속

달콤하게 미소를 지으며 연노랑으로 차려 입은 나는 해를 끼치지 않는 레몬 타르트 파이처럼 보이지만 사악한 면도 가지고 있어요. 고약한 냄새를 퍼뜨리기를 좋아하는 장난꾸러기이거든요. 나의 지독한 연기는 대부분 달걀 썩는 냄새와 스컹크 냄새를 포함하고 있어요. 그러나 그것이 진정한 나는 아니에요. 코를 찌르는 냄새가 나도록 하는 것은 나의 화합물인 황화 수소(H_2S)일 거예요.

나는 한때 '유황'으로 알려졌으며, 지옥의 불꽃을 나타내는 특징이 됐어요. 이 평가는 내가 아마도 활화산의 구멍에서 나온다는 사실 때문일 거예요. 산소에 닿거나 가열되면 나는 스스로 밝고 강한 빛을 내면서 타요. 이런 성질 때문에 나는 화약의 중요한 성분이 되었어요. 또 산성비의 원인이기도 해요. 나는 다양한 다른 물질을 만드는 데 사용되는 화학물질 황산의 필수 원소랍니다.

발견한 해 : 모름

● 밀도   1.960g/cm³
● 녹는점   115.21℃
● 끓는점   444.72℃

S

황

34 셀레늄(셀렌)

■ 산소족 원소

- 기호 : Se
- 원자 번호 : 34
- 원자량 : 78.96
- 색 : 회색
- 표준 상태 : 25℃에서 고체
- 분류 : 비금속

내 이름은 '달'을 의미하는 그리스어 '셀레네(selene)'에서 따왔어요. 나는 동떨어져 있는 신비로운 원소예요. 음식물을 섭취할 때 내가 부족하면 여러분은 심장 근육이 마비되는 케샨병에 걸려요. 그러나 동물이 야생완두(별명은 '로코풀')와 같은 식물에 쌓인 저를 먹게 되면, 술에 취한 것처럼 비틀거리게 되죠.

셀레늄(셀렌)

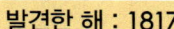

발견한 해 : 1817

Se

- 밀도   4.819g/cm³
- 녹는점   221℃
- 끓는점   685℃

텔루륨(텔루르) 52

산소족 원소

- 기호 : Te
- 원자 번호 : 52
- 원자량 : 127.60

- 색 : 은회색
- 표준 상태 : 25℃에서 고체
- 분류 : 준금속

텔루륨(텔루르)

나는 전자부품에 유용하게 사용되고 있지만, 실제로 문제아예요. 발견된 날부터 의문거리였죠. 나를 확인하고 분류하는 것이 몹시 어려운 문제였거든요. 나는 다른 것을 잘 부식시키므로 항상 같은 상태가 아니에요. 나는 유일하게 깨끗한 금과 결합해 화합물을 만든답니다. 내가 몸에 들어가면 숨 쉴 때 좋지 않은 냄새가 나고, 몸에서도 고약한 냄새가 나요.

발견한 해 : 1783

- 밀도   6.240g/cm³
- 녹는점   449.51℃
- 끓는점   988℃

Te

84 폴로늄

■ 산소족 원소

- 기호 : Po
- 원자 번호 : 84
- 원자량 : 208.98
- 색 : 은색
- 표준 상태 : 25℃에서 고체
- 분류 : 금속

나는 유명한 과학자인 마리 퀴리가 발견한 방사성 원소랍니다. 퀴리 부인이 발견한 첫 번째 원소죠. 내 이름은 마리 퀴리의 조국인 폴란드에서 따온 거예요. 물론 마음이 따뜻해지는 이야기이지만, 나는 우주선의 온방에 사용되는 것 이외에는 친절하고 아늑한 면이 거의 없어요. 나는 스파이를 죽이는 비밀 무기로 사용된다는 비난을 받기도 한답니다.

폴로늄

발견한 해 : 1898

Po

- 밀도   9.196g/cm³
- 녹는점   254℃
- 끓는점   962℃

리버모륨 116

산소족 원소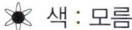

- 기호 : Lv
- 원자 번호 : 116
- 원자량 : 293
- 색 : 모름
- 표준 상태 : 25℃에서 고체
- 분류 : 금속

리버모륨

영예를 추구하는 과학자들은 계속해서 새 원소를 찾으려고 할 거예요. 나는 칼슘과 퀴륨의 핵을 충돌시켜서 만들어졌어요. 그 과정은 복잡하고 비용도 많이 들고 특수한 장치도 필요한 과정이었어요. 나를 찾으려고 일본의 리켄*, 미국의 버클리, 러시아의 드브나, 독일의 다름슈타트 연구소 등이 달려들었어요.

* 일본이화학연구소

발견한 해 : 2000

- 밀도   11.2g/cm³
- 녹는점   모름
- 끓는점   모름

Lv

8장 할로젠족(할로젠족) 17족

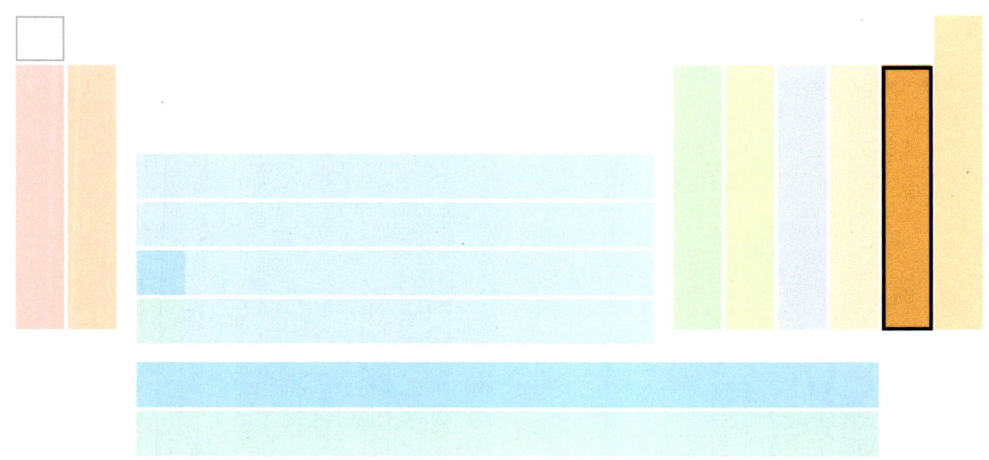

다시 가족 구역으로 돌아가면, 주기율표에서 비금속 원소들이 사는 이쪽은 금속들이 살고 있는 왼쪽과 분리되어 있어요.

할로젠들은 밝고 강한 색을 지닌 비금속들이며 가까운 친척들이에요. 그들은 금속과 격렬하게 반응하여 염을 형성하는 원기 왕성한 무리이죠(할로젠이라는 말은 '염을 만든다'라는 뜻입니다). 17족의 맨 위에는 연녹색의 독가스가 있지만, 족의 아래로 갈수록 색은 진해진답니다.

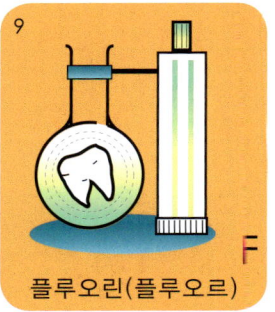
9 F
플루오린(플루오르)

17 Cl
염소

35 Br
브로민(브롬)

53 I
아이오딘(요오드)

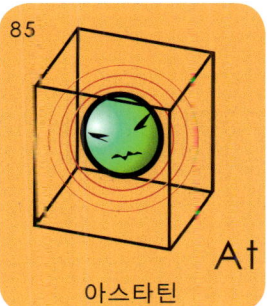
85 At
아스타틴

117 Ts
테네신

9 플루오린(플루오르)

■ 할로젠족

- 기호 : F
- 원자 번호 : 9
- 원자량 : 18.998
- 색 : 연노란색/연녹색
- 표준 상태 : 25℃에서 기체
- 분류 : 비금속

나는 완벽한 할리우드 미소로 여행을 활기차게 시작하게 하는 구성원이에요. 여러분의 치아를 보호하도록 수돗물에 첨가되며, 눌어붙지 않는 코팅제로 유명한 테플론과 같이 정말로 유용한 화합물들을 많이 만들어요. 이 놀라운 모든 것을 할 수 있었던 것은 나의 경쟁심 때문이었어요.

나는 매우 반응성이 커서 내 전자를 채우려고 거의 모든 원자나 분자에서 전자를 빼앗았어요. 이 때문에 나는 유용하고 그렇게 많은 멋진 화합물을 만든 거예요.

내 기록에서 유일한 오점은 지구의 오존층에 매우 커다란 상처를 준 CFC(염화 플루오린화 탄소)와 관련된다는 거예요. 나는 그것에 대해선 이야기하고 싶지 않아요. 나의 공격적이고 숨 막힐 듯한 냄새는 진정 나의 유독한 본질이지요. 조심하세요!

발견한 해 : 1886

- 밀도   1.553g/l
- 녹는점   −219.62℃
- 끓는점   −188.12℃

F

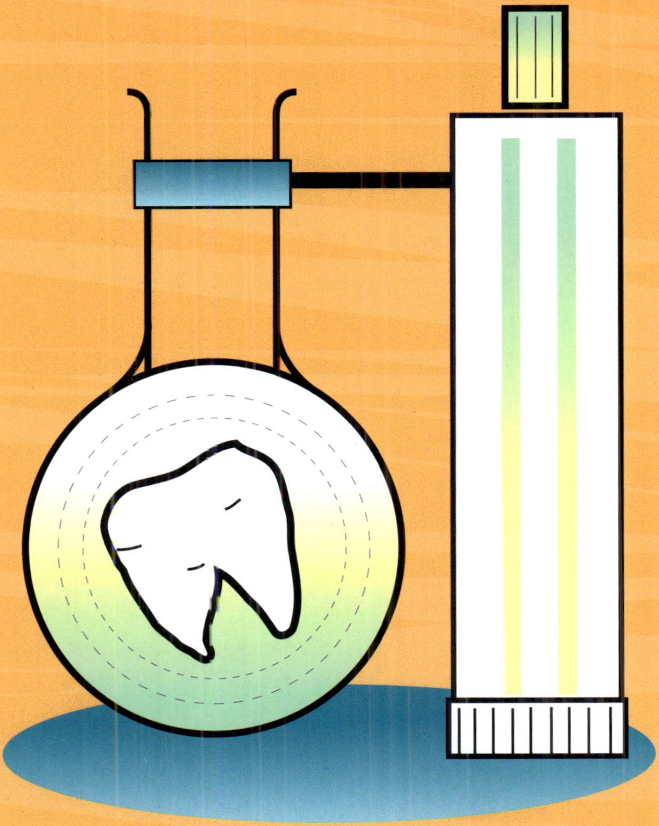

플루오린(플루오르)

17 염소

■ 할로젠족

- 기호 : Cl
- 원자 번호 : 17
- 원자량 : 35.453
- 색 : 녹색
- 표준 상태 : 25℃에서 기체
- 분류 : 비금속

여러분은 나를 어느 정도 주의해야 해요. 나는 녹색의 비열한 살인기계예요. 할로젠 구성원 중 하나로서 무서운 역사를 가진 독가스죠. 최초로 제1차 세계대전 중에 무서운 화학무기가 됐어요. 나의 교활하고 숨 막힐 듯한 연기는 수천 명의 사람을 죽였어요. 나는 화장실 변기의 세균과 싸울 정도로 불량하거든요!

그러나 나는 여러분을 콜레라와 장티푸스 같은 수인성 병에서 지켜 줄 수도 있어요. 나를 약간 넣은 물을 마신 수백만 명은 목숨을 구했어요.

보통 소금에서 얻지만 여러분은 나를 식탁용 소금뿌리개에서부터 수영장에 이르기까지 모든 곳에서 볼 수 있어요(수영장에서 나는 물을 살균해요). 또 특히 DDT같이 환경 친화적이 아닌 살충제에도 사용됐으며, CFC(염화 플루오린화 탄소)와도 관련이 있어요(플루오린을 보세요).

발견한 해 : 1774

- 밀도   2.898g/l
- 녹는점 −101.5℃
- 끓는점 −34.04℃

염소

35 브로민(브롬)

■ 할로젠족

* 기호 : Br
* 원자 번호 : 35
* 원자량 : 79.904

* 색 : 연갈색
* 표준 상태 : 25℃에서 액체
* 분류 : 비금속

나는 오랜 역사를 가진 황제 원소예요. 주기율표에 있는 액체 원소 중 하나이죠. 나는 고대 로마제국에서 '티루스 자색'이라는 황제의 염료로 사용됐어요. 오직 황제와 그 가족들만이 조개에서 만든 이 염료로 옷을 물들여 자신들의 높은 신분을 자랑스럽게 내보였죠.

오늘날 나는 바닷물에서 추출되는 원소로, 썩은 냄새가 나고 붉은 갈색을 가진 휘발성 액체예요. 나는 내 이름이 '고약한 냄새'를 뜻하는 '브로모스(bromos)'에서 따왔다는 것이 부끄러워요.

최근까지도 의사들은 정신 이상 환자들의 정신 활동을 억제하려고 나의 염을 사용했지만, 독성이 알려졌기 때문에 더 이상 사용하지 않아요.

발견한 해 : 1826

● 밀도 $3.1028 g/cm^3$
● 녹는점 $-7.3℃$
● 끓는점 $59℃$

브로민(브롬)

53 아이오딘(요오드)

■ 할로젠족

☀ 기호 : I
☀ 원자 번호 : 53
☀ 원자량 : 126.90

☀ 색 : 광택이 나는 검은색
☀ 표준 상태 : 25℃에서 고체
☀ 분류 : 비금속

나는 광택이 있는 검은 고체이지만 실온에서는 흔히 보라색 기체로 변하죠. 이것을 '승화'라고 해요.

여러분은 내가 홀로 있는 것을 거의 볼 수 없을 거예요. 나는 쌍을 이루어 기체(I_2)가 되거든요. 내가 들어 있는 용액은 세균을 잘 죽여요. 베인 상처에 두드려 바르면 바늘로 찌르듯이 따끔거리는 노란 갈색 액체에도 들어 있답니다(따끔거리는 것은 알코올 용액의 단점이죠). 또한 나는 살균력이 매우 좋아서 수술 후에 상처를 청결하게 하는 데에도 사용된답니다.

오랫동안 식탁용 소금으로 변장해서 사람들이 먹는 음식에 살며시 들어갔는데, 이것은 칭찬받을 만한 일이에요. 신체에 내가 충분하지 못해서 목이 부었을 때, 이를 치료하는 데 나는 도움이 되거든요.

발견한 해 : 1811

● 밀도 4.940g/cm³
● 녹는점 113.7℃
● 끓는점 184.3℃

I

아이오딘(요오드)

85 아스타틴

■ 할로젠족

- 기호 : At
- 원자 번호 : 85
- 원자량 : 209.99
- 색 : 모름
- 표준 상태 : 25℃에서 고체
- 분류 : 비금속

죄송합니다, 서둘러야 하거든요. 나는 갓 생겨났어요! 나는 초방사성이고 될 수 있는 한 오래 머무르지 않아요. 내 반감기는 8시간이에요. 나는 정말로 희귀한 원소랍니다. 더 무거운 원소가 방사성 붕괴를 하면서 만들어지자마자 나는 곧 분해되거든요. 그래서 내게 사람들은 '불안정'을 뜻하는 이름을 붙였지요. 그럴듯하죠!

아스타틴

발견한 해 : 1940

At
- 밀도　　6.4g/cm³
- 녹는점　302℃
- 끓는점　337℃

테네신 117

할로젠족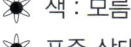

- 기호 : Ts
- 원자 번호 : 117
- 원자량 : 294
- 색 : 모름
- 표준 상태 : 25℃에서 고체
- 분류 : 비금속

2010년에 미국과 러시아의 연합팀 과학자들이 러시아의 연구소에서 나의 원자 6개를 만들었어요. 나는 아주 적게 만들어진 원소들 중 하나예요. 나는 할로젠족이지만 과학자들이 조사할 정도로 오래 머무른다면 아마 나머지 것들과는 다를 수도 있을 거예요. 내 원자는 단지 몇백 밀리초 동안만 존재하거든요.

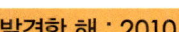

발견한 해 : 2010

- 밀도   7.2g/cm³
- 녹는점   모름
- 끓는점   모름

Ts

9장 영족 기체

18족

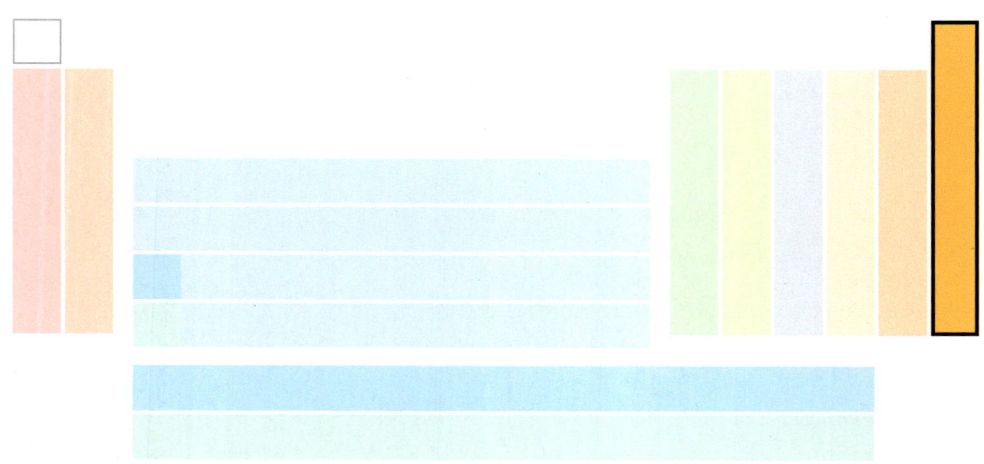

주기율표의 맨 오른쪽에는 기품이 있는 이웃, '영족(noble) 기체'라고 하는 왕족이 살고 있어요. 이 족은 화학반응에 거의 참여하지 않으며 나머지 원소들과 섞이거나 어울리지도 않는 것으로 보입니다.

이들을 한때 완전히 반응성이 없다는 의미로 '불활성 기체'라고도 했지만 이것이 완전히 옳은 말은 아니에요. 그들 중 몇몇은 다른 원소들과 은밀하게 결합하거든요. 또 그들은 그렇게 희귀하지도 않아요. 오늘날 우리는 그들 모두가 외롭고 초연하게 대기 중에 떠다닌다는 것을 알고 있어요.

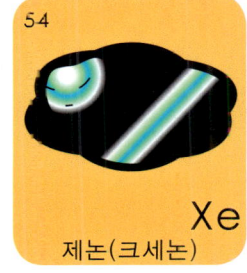

2 헬륨

■ **영족 기체**

- 기호 : He
- 원자 번호 : 2
- 원자량 : 4.0026
- 색 : 없음
- 표준 상태 : 25℃에서 기체
- 분류 : 비금속

나는 내 동료만을 좋아해요. 몇몇 사람들은 나를 보고 초연하다고 하지만, 나는 주기율표의 잡동사니들과 섞이지 않아서 행복해요. 나는 첫 번째 '영족' 기체예요. 반응성이 전혀 없고 색도 맛도 냄새도 없죠. 파티 장난꾼으로도 알려져 있어요. 생일 축하 풍선으로 나를 마시면 여러분의 목소리가 우스꽝스럽게 변한답니다!

나는 태양 같은 커다란 별에서 네 개의 수소 원자가 모여 막대한 에너지를 내놓으면서 생성돼요. 지구에서 나의 핵은 방사성 알파 입자라고 하는 붕괴 생성물 중 한 가지예요.

주로 공기보다 가벼운 성질이 필요한 기상관측용 기구와 비행선에 사용되고, 공기와 반응성이 없어야 하는 용접에 사용된답니다.

발견한 해 : 1895

- 밀도　　0.164g/l
- 녹는점　−272.2℃
- 끓는점　−268.93℃

He

헬륨

10 네온

■ **영족 기체**

- ☀ 기호 : Ne
- ☀ 원자 번호 : 10
- ☀ 원자량 : 20.180
- ☀ 색 : 없음
- ☀ 표준 상태 : 25℃에서 기체
- ☀ 분류 : 비금속

나는 주위에서 가장 멋진 이름을 가졌어요. 내 이름은 '새 것'을 의미하는 그리스어 '네오스(neos)'에서 따왔어요(모든 새로운 원소들의 이름을 이런 방법으로 짓지만, 특히 내게는 아주 적절하다고 생각해요).

실제로 모든 것들이 그렇듯이 전기 에너지를 얻어서 들뜨게 되면, 나의 전자들은 재빠르게 움직여서 밝고 찬란하며 놀랄 만큼 아름다운 붉은 빛을 내게 하죠. 다른 원소들이 섞이면 나는 무지개의 모든 색을 만들 수 있어요. 이것이 네온 불빛이 만들어지는 방법이에요.

비록 공기처럼 흔하게 발견되지만 나는 주기율표의 귀족 계급인 영족 기체에 속해요. 나는 나 자신만을 유지해요. 색도 냄새도 맛도 없는 기체로 나와 반응할 수 있는 것은 거의 없어요.

발견한 해 : 1898

- ● 밀도   0.825g/l
- ● 녹는점   −248.59℃
- ● 끓는점   −246.08℃

Ne

네온

18 아르곤

■ 영족 기체

- 기호 : Ar
- 원자 번호 : 18
- 원자량 : 39.948
- 색 : 없음
- 표준 상태 : 25℃에서 기체
- 분류 : 비금속

태어날 때부터 게으르고 근본적으로 느린 나는 활기가 전혀 없어요. 냄새도 없고 색도 없고 맛도 없는 기체예요. 하지만 나를 쓸모없는 것이라고 부르지는 마세요. 나는 다른 것과 전혀 반응을 하지 않으려는 의지와 능력 때문에 아크 용접같이 위험한 작업에서 폭발 방지를 위해 산소를 제거할 때 '불활성 공기'로 사용된답니다.

때때로 전구에도 사용되죠. 여러분은 나를 창문의 겹유리 사이에서도 볼 수 있어요. 내가 열을 잘 전도하지 않기 때문이에요.

지구 대기에 세 번째로 많은 나는 액체 공기에서 뽑아낼 수 있답니다. 나는 방사성 동위원소인 포타슘-40(칼륨-40)이 붕괴할 때 만들어지기 때문에 시간이 지날수록 공기 중의 양이 늘어나요.

발견한 해 : 1894

- 밀도   1.633g/l
- 녹는점 −189.3℃
- 끓는점 −185.8℃

아르곤

36 크립톤

■ **영족 기체**

- ☀ 기호 : Kr
- ☀ 원자 번호 : 36
- ☀ 원자량 : 83.798
- ☀ 색 : 없음
- ☀ 표준 상태 : 25℃에서 기체
- ☀ 분류 : 비금속

나는 어떻게 해도 나타내기 어려워요. 내 이름은 '숨겨진 것'이라는 뜻의 그리스어 '크립토스(kryptos)'에서 따왔어요. 아마도 그것은 내가 거의 완전히 반응성이 없고 색도 없고 냄새도 없고 맛도 없고 공기 중에도 아주 소량만 있기 때문일 거예요. 내 이름을 소설에 나오는 슈퍼맨의 고향 별과 그 능력의 원천인 크립토나이트와 혼동하지 마세요!

크립톤

발견한 해 : 1898

Kr

- ● 밀도　　　3.425g/l
- ● 녹는점　　-157.36℃
- ● 끓는점　　-153.22℃

제논(크세논) 54

영족 기체

- 기호 : Xe
- 원자 번호 : 54
- 원자량 : 131.29

- 색 : 없음
- 표준 상태 : 25℃에서 기체
- 분류 : 비금속

나는 분명히 똑똑한 녀석이죠. 영족 기체 안에서 나는 약간 다른 편이어서 실제로 화합물을 만들 수도 있죠. 정장을 차려입은 나머지들과는 다르죠. 나는 매우 환상적이어서 아이맥스 영화 영사기와 멋진 자동차의 헤드라이트에 사용된답니다.

제논(크세논)

- 밀도   5.894g/l
- 녹는점   -111.7℃
- 끓는점   -108℃

발견한 해 : 1898

Xe

86 라돈

■ 영족 기체

- 기호 : Rn
- 원자 번호 : 86
- 원자량 : 222.02
- 색 : 없음
- 표준 상태 : 25℃에서 기체
- 분류 : 비금속

다른 '영족' 가족들처럼 나는 거의 완전히 화학반응에는 면역이 되어 있지만 나머지 것들보다는 훨씬 더 활기차요.

나는 해로운 방사성 알파 입자를 내놓아요. 내가 화강암에 들어 있기 때문에, 사람들은 내가 화강암 지역의 집 안에 쌓이면 폐암을 일으킬 수 있다고 걱정하고 있어요.

라돈

발견한 해 : 1900

Rn

- 밀도   9.074g/l
- 녹는점   −71℃
- 끓는점   −61.7℃

오가네손 118
영족 기체

- 기호 : Og
- 원자 번호 : 118
- 원자량 : 294

- 색 : 모름
- 표준 상태 : 25℃에서 기체
- 분류 : 금속

오가네손

나는 러시아와 미국 과학자들의 협력으로 만들어졌어요. 나와 같은 초중량 원소를 만드는 것은 아주 힘든 과정이죠. 입자가속기 안에서 몇 달 동안 무거운 입자들을 충돌시켜야 해요. 마침내 검출될 수 있는 수의 원자가 만들어지지만 보통 3~4개 정도예요! 내 이름은 러시아 과학자 '유리 오가네시안'에서 따온 거예요.

| 발견한 해 : 2006 |

- 밀도　　5.7g/cm³
- 녹는점　모름
- 끓는점　모름

Og

10장 란타넘족 원소

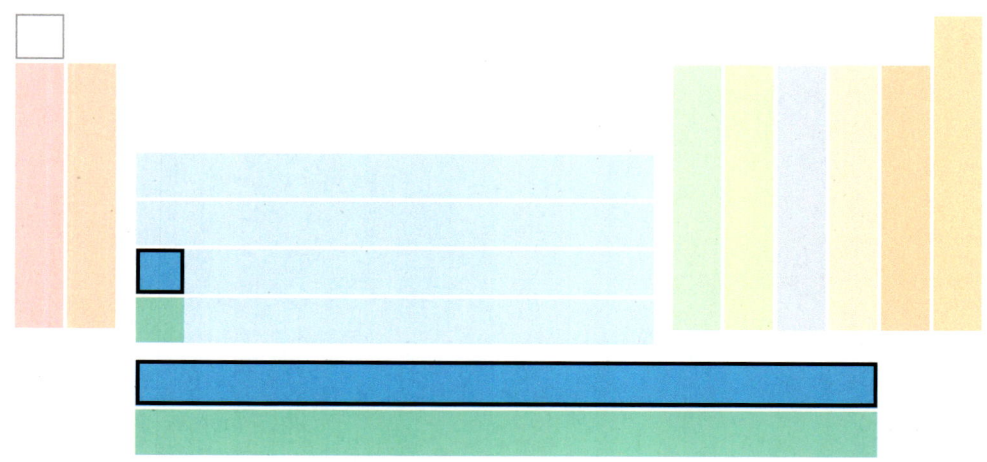

란타넘족은 천연적으로 존재하는 무거운 원소들이에요. 전이금속들과 가족을 이루지만 이트륨과 스칸듐은 흔히 '희토류' 원소라고 불리죠. 그런데 우스운 것은 그것들은 모두 희귀하지 않다는 점이에요. 다만 분리가 어려워서 다른 천연적으로 존재하는 원소들보다 나중에 발견되었어요. 별 특징이 없는 란타넘족들은 놀라운 자기성과 빛을 증폭하는 성질을 가지고 있어서 21세기에 공헌하고 있어요. 우리는 그들을 터치 스크린, 풍력 터빈, 휴대전화 배터리, 하이브리드 자동차, 외계 암석의 연대 측정에서 만날 수 있답니다.

   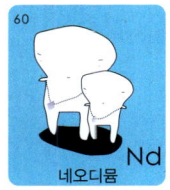 
 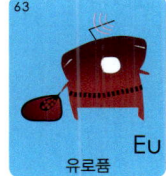  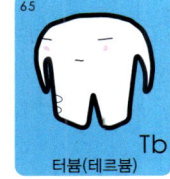 
 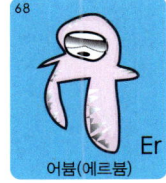 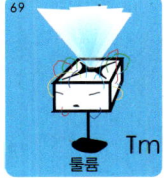  

57 란타넘(란탄)

■ 란타넘족 원소

- 기호 : La
- 원자 번호 : 57
- 원자량 : 138.91
- 색 : 광택이 없는 흰색
- 표준 상태 : 25℃에서 고체
- 분류 : 금속

까꿍! 나는 란타넘족의 대장! 우리는 한 광물 안에 가까이 뭉쳐서 함께 존재하죠. 그래서 화학적으로 우리를 분리하기가 매우 어렵답니다. 실제로 내 이름은 '알아챌 수 없다'는 의미의 그리스어에서 따왔어요.

그러나 나는 겉만 번지르르한 녀석치고는 꽤 멋진 재주도 가지고 있어요. 세륨과 약간의 네오디뮴과 프라세오디뮴을 섞으면, 나는 '발화 합금'이라는 불에 타는 금속을 만들어요. 이것은 라이터의 부싯돌과 영화의 특수효과에서 불꽃 소나기 효과를 만드는 데 이용되죠. 나의 산화물을 함유한 특수 유리는 고품질의 카메라용 정밀 렌즈를 만들어요. 또 나는 하이브리드 자동차의 충전용 니켈-금속 하이브리드 배터리의 필수 성분이 된답니다. 그러니까 어렵게라도 나를 찾을 만한 가치가 있다는 것이죠!

발견한 해 : 1839

- 밀도 $6.162g/cm^3$
- 녹는점   920℃
- 끓는점   3470℃

란타넘(란탄)

58 세륨

■ 란타넘족 원소

✳ 기호 : Ce
✳ 원자 번호 : 58
✳ 원자량 : 140.12

✳ 색 : 은백색
✳ 표준 상태 : 25℃에서 고체
✳ 분류 : 금속

나를 반짝이라고 불러도 좋아요. 나는 라이터의 부싯돌과 영화의 불꽃 효과에 사용되는 밝은 녀석이거든요. 나를 부스러기로 만들면 스스로 불이 붙어요. 내 주변에 있는 것들은 분명히 밝아지겠죠. 나는 지구를 구하는 임무를 맡고 있어요. 내 산화물의 나노 입자를 디젤유에 넣어 주면 더러운 배기가스가 깨끗하게 된답니다.

세륨

발견한 해 : 1803

Ce

● 밀도   6.689g/cm³
● 녹는점   795℃
● 끓는점   3360℃

프라세오디뮴 59

란타넘족 원소

- 기호 : Pr
- 원자 번호 : 59
- 원자량 : 140.91

- 색 : 회백색
- 표준 상태 : 25℃에서 고체
- 분류 : 금속

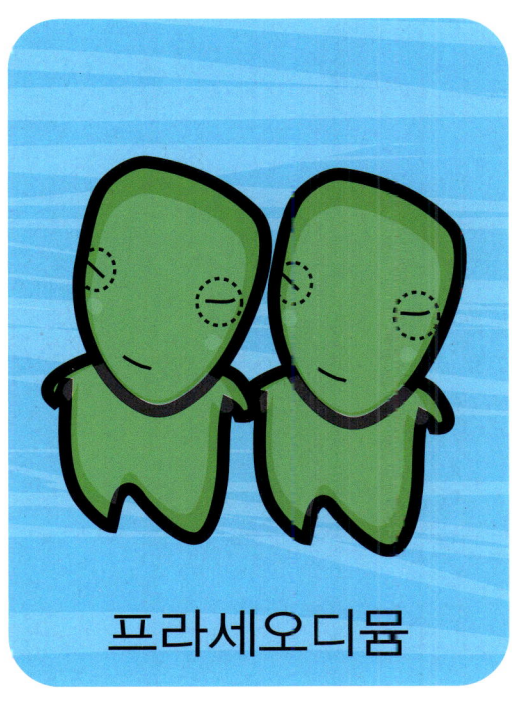

프라세오디뮴

화려한 이름에도 불구하고 나는 수줍어하는 것 중에서도 정말로 수줍어하는 원소예요. '희토류' 원소 중 하나로 분류된답니다. 우리는 사실 서로 비슷해요(주기율표에서 우리만의 특별한 행을 갖는 이유이죠). 유리 세공업자의 밝은 토치 불빛이나 영사기의 밝은 빛으로부터 눈을 보호하는 '다이디뮴 유리'에서 나를 찾을 수 있을 거예요. 눈 조심!

- 밀도　　　6.640g/cm³
- 녹는점　　935℃
- 끓는점　　3290℃

발견한 해 : 1885

Pr

60 네오디뮴

■ 란타넘족 원소

- 기호 : Nd
- 원자 번호 : 60
- 원자량 : 144.24

- 색 : 광택이 없는 회색
- 표준 상태 : 25℃에서 고체
- 분류 : 금속

나는 자기적 성질 때문에 아주 매력적인 원소죠! 나와 철과 붕소를 섞어서 만든 상자성 자석은 다른 자석보다 수천 배나 더 강하답니다. 여러분은 나를 휴대전화의 진동부, 마이크, 스피커, 하이브리드 자동차의 전기 모터, 오일 필터 그리고 컴퓨터의 하드디스크에서 찾아볼 수 있어요.

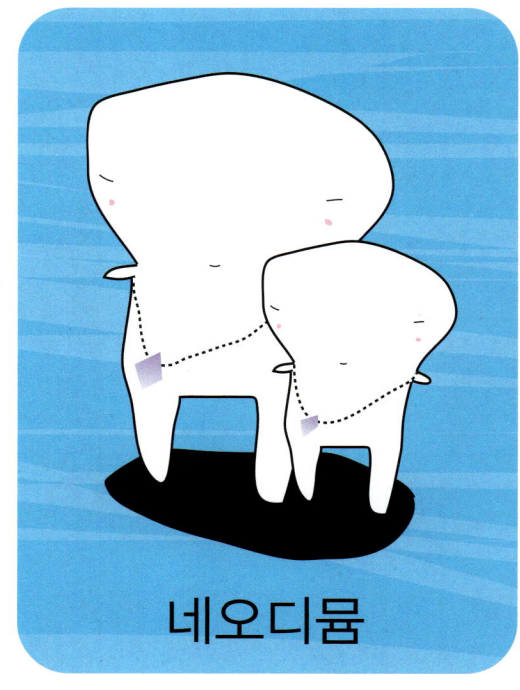

네오디뮴

발견한 해 : 1885

Nd

- 밀도   6.8g/cm³
- 녹는점   1024℃
- 끓는점   3100℃

프로메튬 61

란타넘족 원소

- 기호 : Pm
- 원자 번호 : 61
- 원자량 : 144.91
- 색 : 금속광택
- 표준 상태 : 25℃에서 고체
- 분류 : 금속

나를 '불의 전달자'라고 부르는데 그럴 만하죠. 내 이름은 신으로부터 불을 훔쳐서 인간에게 전해 준 그리스의 신 프로메테우스로부터 따왔어요. 나는 안정한 원소들에 둘러싸여 있지만 불정하고, 방사성이고, 위험하죠. 산업에서 플라스틱, 금속, 종이의 두께를 측정하는 데 이용된답니다.

- 밀도   7.264g/cm³
- 녹는점   1100℃
- 끓는점   3000℃

Pm

발견한 해 : 1945

62 사마륨

■ 란타넘족 원소

※ 기호 : Sm
※ 원자 번호 : 62
※ 원자량 : 150.36

※ 색 : 녹슨 은색
※ 표준 상태 : 25℃에서 고체
※ 분류 : 금속

나는 정말 선한 원소예요. 여러분은 나를 '착한 사마리아 원소'라고 부를 수 있을 거예요. 나는 외계 암석의 연대를 측정하는 데 사용돼요. 또 핵반응로에서 중성자를 흡수하기 때문에 제어봉에 사용된답니다. 코발트와 섞으면 나는 자성을 잃지 않으면서 두들길 수 있는 초강력 자석을 만들어요. 그래서 전자 기타의 픽업이나 헤드폰에 이용된답니다.

사마륨

발견한 해 : 1879

Sm

● 밀도   7.353g/cm³
● 녹는점   1072℃
● 끓는점   1803℃

유로퓸 63

란타넘족 원소

- 기호 : Eu
- 원자 번호 : 63
- 원자량 : 151.96

- 색 : 바랜 은색
- 표준 상태 : 25℃에서 고체
- 분류 : 금속

유로퓸

나는 유럽의 대도시들처럼 세련된 원소예요. 나는 온갖 종류의 조명에 이용되며 내 화합물에 빛을 비추면 반짝이며 빛이 난답니다. 나의 형광성 붉은색과 파란색을 조합하여 에너지 효율이 높은 백색 전구를 만들죠. 나는 또 유로화 지폐에 있는 깔끔한 위조방지 띠를 만드는 데 사용된답니다. 정말 빛나는 원소죠!

발견한 해 : 1901

- 밀도   5.244g/cm^3
- 녹는점   826℃
- 끓는점   1527℃

Eu

64 가돌리늄

■ 란타넘족 원소

- 기호 : Gd
- 원자 번호 : 64
- 원자량 : 157.25
- 색 : 은백색
- 표준 상태 : 25℃에서 고체
- 분류 : 금속

우리 란타넘족 원소들은 '평범함'을 유지하고 싶어 해요. 어떤 경고도 하지 않고, 놀라게 하지도 않죠. 우리는 화학적으로 서로 너무 비슷해, 나는 눈에 띄기 위하여 최선을 다해요. 특히 한 영역에서 나는 특별히 우수하답니다. 신체에 주사를 하면 내 자기적 성질 때문에 MRI(자기공명영상) 기계가 매우 세밀한 것까지 감지하고 찾아낼 수 있죠.

발견한 해 : 1886

Gd
- 밀도: 7.901g/cm³
- 녹는점: 1312℃
- 끓는점: 3250℃

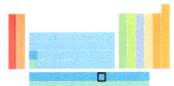

터븀(테르븀) 65

란타넘족 원소

- 기호 : Tb
- 원자 번호 : 65
- 원자량 : 158.93
- 색 : 은백색
- 표준 상태 : 25℃에서 고체
- 분류 : 금속

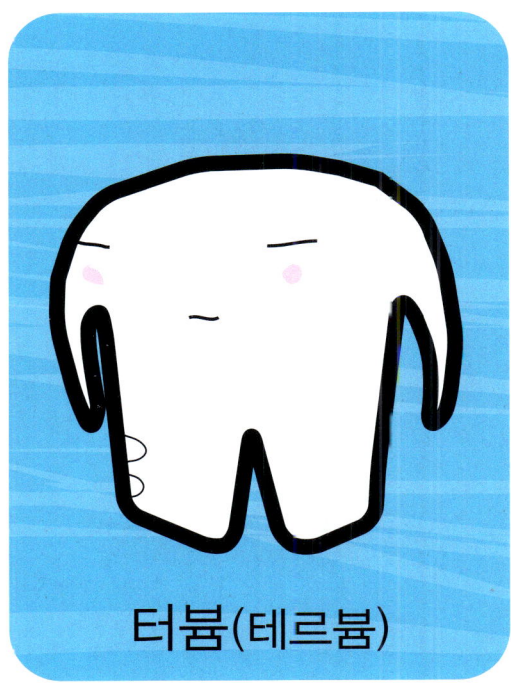

터븀(테르븀)

터븀인가, 터븀이 아닌가, 그것이 문제로다! 자, 알아볼까요? 자기장에 나를 고정한 후 만지거나 비틀어 보면서 잘 관찰해 보세요! 나를 포함한 화합물들은 자성을 띠게 되면 길이가 변하는 이상한 능력을 가지고 있어요. 이 괴상한 성질은 평평한 면을 스피커로 만드는 '터븀 충전' 장치를 만드는 데 이용된답니다.

- 밀도   8.19g/cm³
- 녹는점   1356℃
- 끓는점   3230℃

Tb

발견한 해 : 1843

66 디스프로슘

■ 란타넘족 원소

- 기호 : Dy
- 원자 번호 : 66
- 원자량 : 162.50
- 색 : 밝은 은색
- 표준 상태 : 25℃에서 고체
- 분류 : 금속

이렇게 비관적 이름을 가졌는데, 내가 변덕스러운 마음을 가지는 것도 당연하죠. 디스프로슘은 '도달하기 힘들다'라는 의미예요. 나는 거의 70년 동안 화학자들과 숨바꼭질을 하였답니다. 나는 수줍음을 몹시 타는 편이라 많은 물건에 이용되지는 못해요. 솔직히 말해서 란타넘족 사촌들보다 더 잘하거나 더 값싸게 할 수 있는 일이 별로 없어요.

디스프로슘

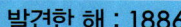

발견한 해 : 1886

Dy

- 밀도   8.551g/cm³
- 녹는점   1407℃
- 끓는점   2567℃

홀뮴 67

란타넘족 원소

- 기호 : Ho
- 원자 번호 : 67
- 원자량 : 164.93
- 색 : 은백색
- 표준 상태 : 25℃에서 고체
- 분류 : 금속

왜 그리 성미가 급하세요. 나는 스스로는 자성이 없지만, 나를 자기장에 놓아두면 자기장의 세기를 엄청나게 강화시켜 준답니다. 당신이 금속이라면 틀림없이 나를 찾을 거예요. 나의 조그만 덩어리가 보통 막대자석의 성능을 높여 줄 수 있죠. 그래서 MRI 스캐닝 기계의 자극편으로 이용된답니다. 나는 놀랄 만큼 힘이 세요!

* 자극편은 자석의 영향력을 조절하기 위하여 자석의 끝부분에 놓아 둔 자성을 띤 부품을 말한다.

발견한 해 : 1878

- 밀도   8.795g/cm³
- 녹는점   1461℃
- 끓는점   2720℃

Ho

68 어븀(에르븀)

■ 란타넘족 원소

※ 기호 : Er
※ 원자 번호 : 68
※ 원자량 : 167.26

※ 색 : 광택이 나는 은색
※ 표준 상태 : 25℃에서 고체
※ 분류 : 금속

나의 신비로운 분홍 이온은 빛을 받으면 마법 같은 성질을 나타내죠. 광섬유 중에서 내가 약간 섞인 부분은 통과하는 빛의 세기를 강화시켜 주기 때문에 들어온 것보다 더 밝은 빛이 될 수 있어요! 전화나 인터넷을 사용할 때 나를 이용하면 여러분이 자료를 더 강력하게 전달하는 데 도움이 된답니다. 나는 인터넷 성공의 숨은 공신이죠.

어븀(에르븀)

발견한 해 : 1843

Er

● 밀도   9.066g/cm³
● 녹는점   1529℃
● 끓는점   2868℃

툴륨 69

란타넘족 원소

- 기호 : Tm
- 원자 번호 : 69
- 원자량 : 168.93
- 색 : 은회색
- 표준 상태 : 25℃에서 고체
- 분류 : 금속

툴륨

나는 이 무리에서 못난 형제예요. 내 인생은 좀 따분하죠. 나머지 란타넘족 형제들이 도시에 나가서 새로운 직업을 찾고 신나는 기술에 참여하는 동안 나는 그냥 앉아만 있었어요. 근본적으로 나는 좀 게으르고 숨어 있기를 좋아하거든요. 그러나 나는 질질 끌다가 결국 레이저 수술과 저위험 X-선원으로 개발되었어요.

- 밀도   9.321g/cm^3
- 녹는점   1545℃
- 끓는점   1950℃

Tm

발견한 해 : 1879

70 이터븀(이테르븀)

■ 란타넘족 원소

- 기호 : Yb
- 원자 번호 : 70
- 원자량 : 173.05
- 색 : 밝은 은색
- 표준 상태 : 25℃에서 고체
- 분류 : 금속

나는 마음씨 좋은 스웨덴 아저씨예요. 스웨덴의 이터비라는 작은 마을의 이름을 딴 행운의 4가지 원소들 중 하나죠. '희토류' 원소 중 많은 것을 그곳의 채석장 광물에서 얻었어요. 그것들은 함께 지내고 싶어 하는 집단이죠. 나는 휴대용 X-선 기계뿐 아니라 레이저 기계에도 소량으로 사용돼요.

이터븀(이테르븀)

발견한 해 : 1907

- 밀도 6.57g/cm³
- 녹는점 824℃
- 끓는점 1196℃

루테튬 71

란타넘족 원소

- 기호 : Lu
- 원자 번호 : 71
- 원자량 : 174.97
- 색 : 은백색
- 표준 상태 : 25℃에서 고체
- 분류 : 금속

루테튬

나는 란타넘족의 마지막 원소로 비슷한 습관을 가지는 무른 금속이에요. 우리는 밝고 은빛이지만 쉽게 탁해져요. 우리 란타넘족 원소들은 모두 화학적 성질이 매우 비슷하답니다. 나는 프랑스에서 발견되었지만 나의 많은 친구들은 스칸디나비아 출신이에요. 나는 몇 안 되는 부식 방지 '희토류' 원소 중 하나여서 말쑥하고 멋있게 나타날 수 있답니다.

- 밀도   9.841g/cm³
- 녹는점   1652℃
- 끓는점   3402℃

발견한 해 : 1907

Lu

11장 악티늄족 원소

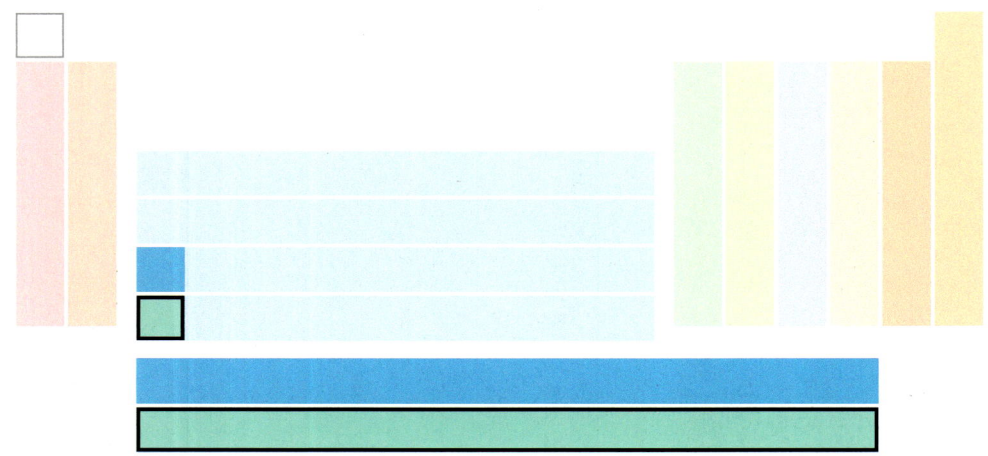

악티늄족은 (란타넘족과 함께) 주기율표 본체로부터 따로 떨어져 있으며 때로는 '에프-구역(f-block)' 원소라고도 하는 이단자들이에요. 몇몇 아주 무거운 원소들이 여기에 있죠. 핵에 양성자가 89개 이상 되는 악티늄족들은 위험스러운 방사성 부적응자들이에요. 그중 셋만 천연적으로 존재하고 나머지는 핵반응로나 입자가속기에서 만들어졌으며 눈 깜짝할 사이에 붕괴된답니다. 천연적으로 존재하는 우라늄과 토륨을 제외하고는 이런 무뢰한들은 모두 20세기에 발견되었어요.

89 Ac 악티늄

90 Th 토륨

91 Pa 프로트악티늄

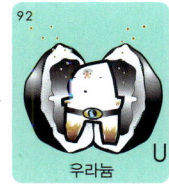
92 U 우라늄

93 Np 넵투늄

94 Pu 플루토늄

95 Am 아메리슘

96 Cm 퀴륨

97 Bk 버클륨

98 Cf 캘리포늄

99 Es 아인슈타이늄

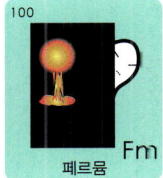
100 Fm 페르뮴

101 Md 멘델레븀

102 No 노벨륨

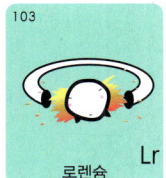
103 Lr 로렌슘

89 악티늄

■ 악티늄족 원소

- 기호 : Ac
- 원자 번호 : 89
- 원자량 : 227.03
- 색 : 은색
- 표준 상태 : 25℃에서 고체
- 분류 : 금속

나는 광선이에요. 그러나 햇빛처럼 천연적인 광선은 아니에요. 나는 무시무시하고 반짝이는 불꽃처럼 빛나죠. 지구에서는 나를 찾을 수 없답니다. 나는 방사성 원소예요. 라듐보다 150배나 강해서 지구가 만들어질 때 존재했던 원자들은 모두 다른 원소들로 붕괴되었어요. 나의 새로운 원자는 핵반응로에서 만들어진 거예요.

악티늄

발견한 해 : 1889

Ac
- 밀도   10.07g/cm³
- 녹는점 1050℃
- 끓는점 3000℃

토륨 90

악티늄족 원소

- 기호 : Th
- 원자 번호 : 90
- 원자량 : 232.04

- 색 : 은백색
- 표준 상태 : 25℃에서 고체
- 분류 : 금속

토륨

나는 노르웨이의 우람한 신 '토르'의 이름을 딴 '힘센 토륨'이에요. 나는 지구의 핵을 덥히죠. 나는 방사성 원소이지만 방사능이 약해 크게 위험하지는 않으며, 천연적으로 존재한답니다. 나의 산화물은 모든 산화물 중 가장 높은 녹는점을 가지고 있어요. 그래서 캠핑용 가스램프의 섬유 그물강 덮개에 사용되어 밝게 달아올라서 찬란한 빛을 발산하곤 하지요.

발견한 해 : 1828

- 밀도   11.724g/cm³
- 녹는점   1842℃
- 끓는점   4820℃

Th

91 프로트악티늄

■ 악티늄족 원소

- 기호 : Pa
- 원자 번호 : 91
- 원자량 : 231.04
- 색 : 밝은 광택의 은색
- 표준 상태 : 25℃에서 고체
- 분류 : 금속

나는 별난 녀석이에요. 누구에게도 쓸모가 없기 때문에, 나는 혼자 계속 활동하고 사람들은 내버려두죠. 나의 방사능이 해롭기 때문에 그들에게는 다행이에요. 방사능을 띠고 불안정한 원자들 대부분은 눈 깜짝할 사이에 사라지지만, 나의 일부 형태는 거의 영원히 존재한답니다. 글쎄, 나는 그렇게 특별히 서두르지 않아요!

프로트악티늄

발견한 해 : 1913

Pa

- 밀도　　15.37g/cm³
- 녹는점　1568℃
- 끓는점　4000℃

우라늄 92

악티늄족 원소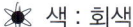

- 기호 : U
- 원자 번호 : 92
- 원자량 : 238.03
- 색 : 회색
- 표준 상태 : 25℃에서 고체
- 분류 : 금속

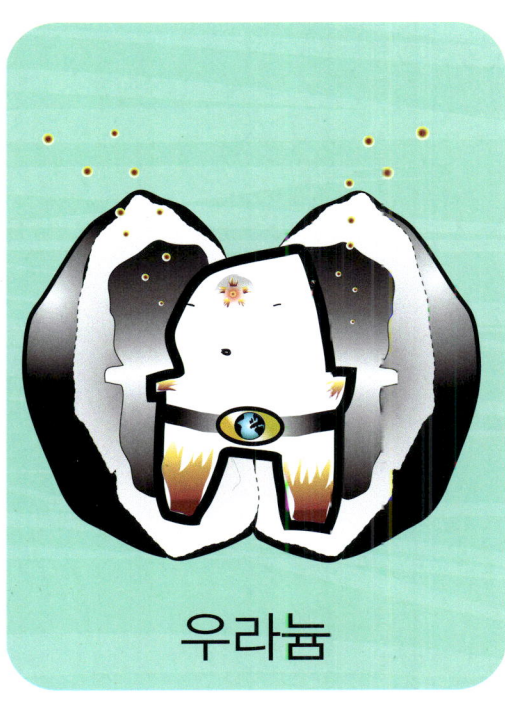

우라늄

나는 자연의 강력한 힘이에요. 나의 불안정한 방사성 형태(원자 질량 235)에 중성자를 충돌시키면 내 핵은 막대한 에너지를 내놓으면서 쪼개지고 다시 모든 방향으로 중성자를 발사하죠. 이런 것이 다른 핵을 계속해서 쪼개서 나를 깨뜨리는 연쇄 반응을 시작하는 거예요! 이 (핵분열) 반응을 조절하면 나는 전기를 생산하는 데 이용될 수 있지만, 폭탄으로 만들면 도시 전체를 폭파할 수 있어요.

발견한 해 : 1789

- 밀도　　19.05g/cm³
- 녹는점　1132.2℃
- 끓는점　3900℃

93 넵투늄

■ 악티늄족 원소

✱ 기호 : Np
✱ 원자 번호 : 93
✱ 원자량 : 237.05

✱ 색 : 금속 광택의 은색
✱ 표준 상태 : 25℃에서 고체
✱ 분류 : 금속

해왕성만큼 멀리 떨어져 있더라도 나는 심술궂은 방사능 위험물이에요. 우라늄, 나, 플루토늄은 태양계 먼 곳의 초냉각된 천왕성, 해왕성, 명왕성으로부터 이름을 따온 원소들이에요. 무장을 한 더러운 녀석들이라 할 수 있죠. 우라늄과 플루토늄 사이에 자리 잡은 나는 덜 유명하고 잊기 쉬운 원소죠.

나는 1940년에 미국 버클리 연구소에서 발견되었어요. 최초로 만들어진 인공 원소였죠. 나는 우라늄이 붕괴할 때 천연적으로 만들어지기도 하지만, 그 양은 아주 적어요. 흔히 핵반응로의 폐기물로 더 많이 만들어지며, 반감기가 200만 년이어서 오랜 기간 주변에 심술궂게 존재해요. 나는 핵폭탄에서 형제들을 대신할 수 있어서 엄격하게 통제되고 철저하게 감시를 받는 물질이랍니다.

발견한 해 : 1940

● 밀도　　　20.45g/cm³
● 녹는점　　637℃
● 끓는점　　4000℃

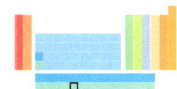 Np

넵투늄

94 플루토늄

■ 악티늄족 원소

* 기호 : Pu
* 원자 번호 : 94
* 원자량 : 244.06
* 색 : 은백색
* 표준 상태 : 25℃에서 고체
* 분류 : 금속

디즈니 만화에 나오는 개 '플루토'와 달리, 내 인생은 만화가 아니에요. 나는 치명적으로 위험하답니다. 핵과학자들이 나를 만든 후 명왕성의 이름을 따서 플루토늄이라는 이름을 붙였죠. 나는 알파 입자를 많이 내놓기 때문에 나로 만들어진 덩어리에서는 열이 발생해요. 1945년 8월에 나의 '239' 동위원소로 만들어진 폭탄이 일본 나가사키에 떨어졌어요. 그 폭탄은 20만 명에 가까운 사상자를 냈어요.

플루토늄

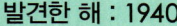

발견한 해 : 1940

Pu

● 밀도　　19.816g/cm³
● 녹는점　639.4℃
● 끓는점　3230℃

아메리슘 95

악티늄족 원소

- 기호 : Am
- 원자 번호 : 95
- 원자량 : 243.06
- 색 : 은백색
- 표준 상태 : 25℃에서 고체
- 분류 : 금속

아메리슘

나는 모든 미국인의 영웅이에요! 화재 경보기에서 중요한 역할을 하죠. 나는 화재에서 수많은 목숨을 살렸어요. 또 여러분 가정에 있어도 되는 유일한, 그러나 위험한 방사성 원소랍니다. 나는 특별 허가를 받았어요. 그런 역할에는 백만분의 1g 이하가 사용돼요. 나는 주기율표에서 유로퓸 바로 아래에 있어요. 내 이름은 아메리카 대륙에서 따왔대요.

발견한 해 : 1789

- 밀도 12g/cm³
- 녹는점 1176℃
- 끓는점 2607℃

Am

96 퀴륨

■ 악티늄족 원소

- 기호 : Cm
- 원자 번호 : 96
- 원자량 : 247.07
- 색 : 은색
- 표준 상태 : 25℃에서 고체
- 분류 : 금속

건강에 도움이 되는 것과 나를 섞지 마세요. 나는 건강에 좋지 않은 방사성 원소이거든요. 내가 치료에 도움이 되면 좋겠지만 오히려 죽음을 가져올 수 있어요. 내 이름은 퀴리 부부로부터 따온 거예요. 나는 우주탐사선과 인공위성에 사용되어서 황량하고 이 세상이 아닌 곳도 경험했어요. 화성에서는 차가운 로봇 탐사선을 가열하는 역할도 했답니다.

퀴륨

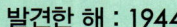
발견한 해 : 1944

- 밀도 13.51g/cm³
- 녹는점 1340℃
- 끓는점 3110℃

버클륨 97

악티늄족 원소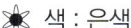

- 기호 : Bk
- 원자 번호 : 97
- 원자량 : 247.07
- 색 : 은색
- 표준 상태 : 25℃에서 고체
- 분류 : 금속

버클리에 있는 미국 핵연구소에서 대학의 한 과학자가 나를 만들었어요. 아메리슘, 캘리포늄과 다른 많은 것들도 이곳에서 만들어졌죠. 사람으로 말할 것 같으면, 나는 신동이고 누구에게나 좋은 사람이에요. 모든 '초우라늄' 원소(우라늄보다 무거운 원소)처럼 나는 전적으로 인공적으로 만들어지죠. 여러분은 지구상에서 나를 찾을 수 없을 거예요. 순식간에 사라지거든요!

- 밀도   14.78g/cm³
- 녹는점   986℃
- 끓는점   모름

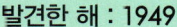

발견한 해 : 1949

98 캘리포늄

■ 악티늄족 원소

✹ 기호 : Cf
✹ 원자 번호 : 98
✹ 원자량 : 251.08

✹ 색 : 은색
✹ 표준 상태 : 25℃에서 고체
✹ 분류 : 금속

미국의 캘리포니아주에서 탄생한 나는 느긋함을 좋아하지만, 원자핵으로부터 중성자를 계속 내놓는 나의 으스스한 능력이 문제예요. 나의 강력한 광선은 지나는 길에 있는 모든 것을 방사성으로 만들면서 물체들이 존재하지 않은 것처럼 그것들을 통과할 수 있어요. 나의 중성자 광선은 핵반응로를 개시하는 데, 그리고 기름과 금을 검출하는 데 이용돼요.

캘리포늄

발견한 해 : 1950

Cf

● 밀도   15.1g/cm³
● 녹는점   900℃
● 끓는점   모름

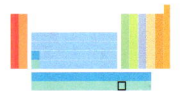

아인슈타이늄 99

악티늄족 원소

- 기호 : Es
- 원자 번호 : 99
- 원자량 : 252.08

- 색 : 은색
- 표준 상태 : 25℃에서 고체
- 분류 : 금속

아인슈타이늄

나의 우스꽝스런 모습과 함께, 내 이름이 유명한 과학자 아인슈타인의 이름에서 따왔다는 것을 곧 알 수 있을 거예요. 나는 세계 최초의 열핵폭탄의 지옥 불 같은 곳에서 만들어졌어요. 1952년, 남태양의 작은 섬에 떨어진 '수소' 폭탄은 그 섬을 사라지게 하면서 TNT* 수천만 톤의 위력으로 폭발했어요. 그런 폭발 중에 나는 방사선으로 기쁨에 넘쳐 환히 웃고 있었죠.

* TNT는 트라이나이트로톨루엔이라는 화합물이다. 연한 노란색 결정을 만들며 폭약으로 널리 사용된다.

발견한 해 : 1952

- 밀도　　　13.5g/cm³
- 녹는점　　860℃
- 끓는점　　모름

Es

100 페르뮴

■ 악티늄족 원소

- 기호 : Fm
- 원자 번호 : 100
- 원자량 : 257.10
- 색 : 모름/은회색
- 표준 상태 : 25℃에서 고체
- 분류 : 금속

나는 주기율표의 백인대장*이에요. 원자 번호만 봐도 100퍼센트 믿음을 주는 원소죠. 내 이름은 최초로 핵반응로를 만든 과학자 엔리코 페르미에서 따왔어요. 강력한 무기를 만들려는 미국의 계획에서 첫 단계는 새로운 에너지원을 찾는 것이었어요. 이때 만들어진 무기는 제2차 세계대전을 신속하고 두렵게 끝낸 원자 폭탄이었어요.

페르뮴

* 고대 로마 군대에서 병사 100명을 거느리던 지휘관.

발견한 해 : 1952

Fm

- 밀도   모름
- 녹는점   1527℃
- 끓는점   모름

멘델레븀 101

악티늄족 원소

- 기호 : Md
- 원자 번호 : 101
- 원자량 : 258.10
- 색 : 모름/은회색
- 표준 상태 : 25℃에서 고체
- 분류 : 금속

가장 중요한 원소인 나를 위하여 만세! 가장 중요하다니까요! 무엇보다도 내 이름은 주기율표의 아버지인 멘델레예프 교수에서 따왔어요! 또 나는 첫 번째 '초페르뮴' 원소(페르뮴보다 무거운 원소)예요. 나는 정말로 희귀해서 한 번에 대여섯 개의 원자밖에 만들어지지 않죠. 대부분 쓸모가 없지만······.

- 밀도   모름
- 녹는점   827℃
- 끓는점   모름

Md

발견한 해 : 1955

102 노벨륨

■ 악티늄족 원소

- 기호 : No
- 원자 번호 : 102
- 원자량 : 259.10
- 색 : 모름/금속색
- 표준 상태 : 25℃에서 고체
- 분류 : 금속

나는 진정한 수상자예요! 나 이외의 많은 원소 친구들의 이름은 훌륭한 과학자들의 이름을 따서 지어졌죠. 퀴륨, 아인슈타이늄, 뢴트게늄, 러더포듐 등등. 알다시피 노벨상은 많은 과학자들이 가장 영예로 여기는 상이에요. 이런 상을 만든 노벨의 이름을 따서 내 이름을 지었기 때문에, 나는 뒷문으로 시상식장에 살짝 들어갈 수 있답니다.

노벨륨

발견한 해 : 1966

No
- 밀도 모름
- 녹는점 827℃
- 끓는점 모름

로렌슘 103

악티늄족 원소

- 기호 : Lr
- 원자 번호 : 103
- 원자량 : 262.11
- 색 : 모름/은회색
- 표준 상태 : 25℃에서 고체
- 분류 : 금속

로렌슘

만나서 반가워요. 편하게 로렌스라고 불러 주세요. 나는 주기율표의 바닥에 있는 악티늄족의 마지막 원소예요. 내 이름은 최초의 '사이클로트론' 입자가속기를 건설한 미국 로렌스 방사선 연구소에서 따온 거예요. 연구소 이름은 미국 물리학자 어니스트 로렌스에서 따온 것이죠. 입자가속기 안에서 자연에 존재하지 않은 많은 새로운 원소들이 인공적으로 만들어졌어요. 나는 그중 하나예요.

- 밀도   모름
- 녹는점   1627℃
- 끓는점   모름

발견한 해 : 1961

Lr

12장 과중 원소

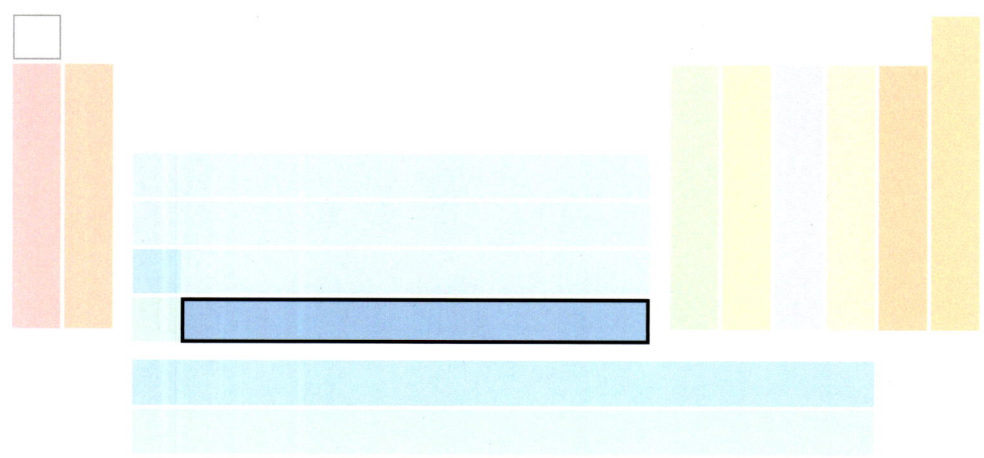

이 무거운 과중 원소들은 완전히 '바깥'에 있어요. 원자 번호가 103보다 큰 원소들은 주기율표의 먼 곳에 자리 잡고 있죠. 이 과량 물질들은 모두 실험실에서 인공적으로 만들어진 것이며 대부분이 극소량으로만 존재했답니다. 하나하나가 방사능이 매우 강하며 아주 빠르게 붕괴해요. 전 세계의 모든 연구소가 이들 원소를 가장 먼저 만들었다고 주장했기 때문에 각 원소의 이름을 붙이는 데 건전한 많은 논쟁이 벌어졌어요.

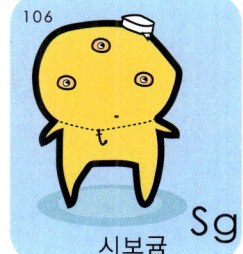
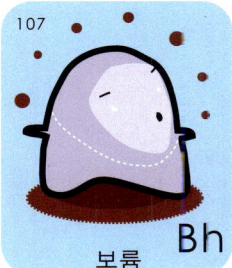
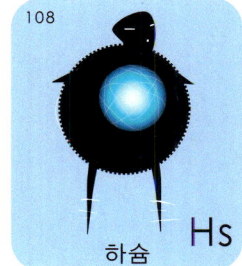

104 러더포듐

■ 과중 원소

- 기호 : Rf
- 원자 번호 : 104
- 원자량 : 265.12
- 색 : 모름
- 표준 상태 : 25℃에서 고체
- 분류 : 금속

나는 '하루살이' 과중 원소 중 첫 번째 원소예요. 우리는 천연적으로 존재해 본 적이 없고 모두 합성되었으며 아주 짧은 순간만 존재하지요. 내 원자의 절반은 한 시간 안에 분해돼요. 내가 성급하다고 할 수도 하지만 사람들이 나의 이름을 붙이는 데 30년이나 걸렸어요! 기나긴 논쟁 끝에 과학자들은 뉴질랜드 출신이자 핵물리학의 아버지인 어니스트 러더퍼드에서 이름을 따왔어요.

러더포듐

발견한 해 : 1969

Rf

- 밀도 — 17g/cm³
- 녹는점 — 모름
- 끓는점 — 모름

두브늄 105

과중 원소

- 기호 : Db
- 원자 번호 : 105
- 원자량 : 268.13

- 색 : 모름
- 표준 상태 : 25℃에서 고체
- 분류 : 금속

두브늄

내가 챔피언이든지 아니든지 상관없어요. 그렇지만 나는 모든 과중 원소 중에서 가장 오래 살아요. 내 원자들이 평균 28시간이 걸려서 붕괴되기 때문에 나를 연구할 시간이 충분했어요. 그 결과 과학자들은 나를 탄탈럼, 나이오븀, 바나듐과 함께 5족에 자리 잡게 해 주었어요.

- 밀도   21.6g/cm³
- 녹는점   모름
- 끓는점   모름

Db

발견한 해 : 1968

106 시보귬

■ 과중 원소

- 기호 : Sg
- 원자 번호 : 106
- 원자량 : 271.13
- 색 : 모름
- 표준 상태 : 25℃에서 고체
- 분류 : 금속

악티늄족의 아인슈타이늄과 함께 나는 이름을 붙일 당시 살아 있는 사람의 이름을 따온 원소 중 하나예요. 현재까지는 우리 둘 뿐이죠. 내 이름은 총 10개의 원소를 발견한 글렌 시보그의 이름에서 따온 거예요. 그렇지만 나는 시보그가 발견한 원소는 아니에요. 참 이상하죠? 나의 가장 안정한 것들도 2분 이상은 존재하지 않아요.

시보귬

발견한 해 : 1974

Sg

- 밀도   23.2g/cm³
- 녹는점   모름
- 끓는점   모름

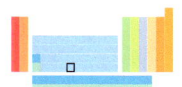

보륨 107

과중 원소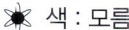

- 기호 : Bh
- 원자 번호 : 107
- 원자량 : 270.13

- 색 : 모름
- 표준 상태 : 25℃에서 고체
- 분류 : 금속

나를 처음 만든 사람들은 덴마크의 유명한 물리학자인 닐스 보어를 기리기 위하여 '닐스보륨'으로 부르자고 했어요. 결국 논쟁 끝에 보륨이 되었어요! 나머지 과중 원소들처럼 나는 입자가속기에서 더 가벼운 원소들이 합쳐져 만들어졌지요. 나에 관해서는 알려진 것이 거의 없어요!

- 밀도   27.2g/cm³
- 녹는점   모름
- 끓는점   모름

Bh

발견한 해 : 1981

108 하슘

■ 과중 원소

- 기호 : Hs
- 원자 번호 : 108
- 원자량 : 277.15
- 색 : 모름
- 표준 상태 : 25℃에서 고체
- 분류 : 금속

휭! 탱! 10초 후 나는 세상에 윙크를 하죠. 깜박하고 나면 나를 보고 싶을 거예요! 나를 만드는 데는 약간의 논쟁이 있지만 그것이 내 이름에 영향을 주지는 않았어요. 내 이름은 1984년에 내가 처음으로 만들어진 독일의 헤센주에서 이름을 따왔지요. 그곳에는 나와 친구들을 만들 수 있는 장치가 있었어요. 전 세계에 딱 세 군데 있는데 그중 나머지 두 곳은 러시아와 미국에 있어요.

하슘

발견한 해 : 1984

- 밀도   28.6g/cm³
- 녹는점   모름
- 끓는점   모름

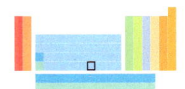

마이트너륨 109

과중 원소

- 기호 : Mt
- 원자 번호 : 109
- 원자량 : 276.15
- 색 : 모름
- 표준 상태 : 25℃에서 고체
- 분류 : 금속

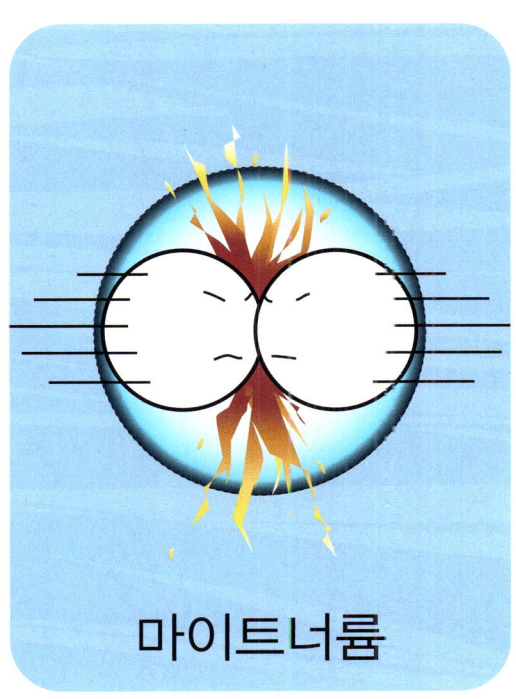

마이트너륨

나는 반감기가 1초도 되지 않아서, 과학자들이 나를 가지고 화학 실험을 한 적이 전혀 없어요. 내 이름은 독일의 물리학자 리제 마이트너에서 따온 거예요. 그녀는 핵분열(핵폭탄을 만들 수 있게 해 주는 과정)을 오토 한과 함께 발견했답니다. 한은 노벨상을 받았기 때문에, 원소 이름은 마이트너가 갖는 것이 공평한 일이겠죠!

- 밀도   28.2g/cm³
- 녹는점   모름
- 끓는점   모름

Mt

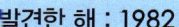
발견한 해 : 1982

110 다름슈타튬

■ 과중 원소

- 기호 : Ds
- 원자 번호 : 110
- 원자량 : 281.16
- 색 : 모름
- 표준 상태 : 25℃에서 고체
- 분류 : 금속

나는 기쁨을 주려는 신선한 얼굴과 진정한 열망을 가진 1990년대 아이예요. 그러나 여러분이 내 원자 몇 개를 한 번에 만들더라도, (나의 과중 원소족 형제 자매들처럼) 내 원자들은 대부분 눈 깜짝할 사이에 사라지기 때문에 여러분이 나를 가지고 할 수 있는 일은 거의 없어요. 대체로 나는 좀 트집쟁이 같아요!

다름슈타튬

발견한 해 : 1994

Ds

- 밀도   27.4g/cm³
- 녹는점 모름
- 끓는점 모름

뢴트게늄 111

과중 원소

- 기호 : Rg
- 원자 번호 : 111
- 원자량 : 280.16

- 색 : 모름
- 표준 상태 : 25℃에서 고체
- 분류 : 금속

나는 엄청나게 빠른 삶을 살아가요. 좋은 친구를 사귀는 것을 즐기죠. 구리, 은, 금을 포함하는 권위 있는 11족의 가장 무겁고 새로운 구성원이에요. 반감기는 약 20초예요. 내 원자는 단지 몇 개밖에 존재해 본 적이 없어서 나는 정말로, 정말로 귀하죠. 맞아요, 나를 정말로 귀한 귀금속이라고 부를 수 있을 거예요.

- 밀도　　24.4g/cm³
- 녹는점　모름
- 끓는점　모름

발견한 해 : 1994

112 코페르니슘

■ 과중 원소

- 기호 : Cn
- 원자 번호 : 112
- 원자량 : 285.17
- 색 : 모름
- 표준 상태 : 25℃에서 액체
- 분류 : 금속

나는 1996년에 인공적으로 만들어졌어요. 마지막에 위치한 전이 원소죠. 내가 태어난 곳은 유명한 독일 다름슈타트 연구소예요. 나는 과학자들이 아연 이온 광선을 납 표적에 충돌시켰을 때 잠깐 나타났죠. 현재 가장 안정한 동위 원소(Cn-285)는 29초 가량 존재해요! 나는 사람들이 좀 더 오래 존재하는 것을 발견해서, 나를 잘 연구하기를 바라고 있어요. 나는 수은처럼 실온에서 액체로 존재할 가능성도 있어요. 그러면 과학계에 알려진 두 번째 액체 금속이 되겠죠.

머리를 감싸고 생각하면, 왜 내게 천문학자 코페르니쿠스의 이름을 붙였는지 알 수 있을 거예요. 그는 태양을 태양계의 중심에 놓고 행성들이 그 주위를 돈다고 했어요. 그러니까 내 이름은 원자 모형과 비슷하게 생긴 지동설로 자연과학에 획기적인 전환을 가져온 과학자 코페르니쿠스를 기리기 위한 거예요.

발견한 해 : 1996

- 밀도   16.8g/cm³
- 녹는점   모름
- 끓는점   모름

Cn

코페르니슘

::용어 설명

감마선 몇몇 원자핵에서 나오는 고에너지 전자기 방사선.

동위원소 같은 원소의 원자이며 양성자와 전자 수는 같지만 중성자 수가 다른 원자.

방사능 어떤 핵이 알파, 베타, 감마 방사선을 내놓으면서 스스로 붕괴하는 것.

베타 입자 몇몇 방사성 붕괴 동안 생기는 음전하를 가진 입자(전자).

산화물 한 원소가 산소와 결합한 화합물.

알파 입자 몇몇 방사성 붕괴 동안 생기는 양전하를 가진 입자(헬륨 핵).

양성자 양전하를 띠며, 중성자와 함께 원자핵을 구성하는 입자.

염 산의 수소 원자가 금속 이온이나 다른 양이온으로 바뀌면서 생기는 화합물.

원소 화학반응으로 더 이상 쪼개지지 않는 물질.

원자 모든 물질의 기본적 구성 단위.

이온 원자가 전자를 잃거나 얻어서 생기는 전기를 띤 입자.

입자가속기 전기를 띤 입자들을 빠른 속도로 충돌시켜 새로운 원소를 만드는 기계.

전자 음전하를 띠는 질량이 아주 작은 입자. 모든 물질의 구성 요소.

족 주기율표의 세로축. 여기 있는 원소들은 서로 가까이 연관된 성질을 보임.

주기 주기율표에서 원소들의 가로축.

중성자 전기적으로 중성이며, 양성자와 함께 원자핵을 구성하는 입자.

촉매 화학반응을 빠르게 해 주는 물질.

핵 양성자와 중성자가 있는 원자의 중심 부분.

화합물 원자들의 화학반응으로 만들어진 물질.

:: 찾아보기

ㄱ
가돌리늄 150
갈륨 82
구리 47, 48, 50, 93, 185
규소 24, 82, 90, 92
금 6, 20, 48, 58, 60, 70, 72, 74, 113, 170, 185

ㄴ
나이오븀(니오브) 54, 179
납 6, 55, 62, 84, 86, 94, 104, 186
네오디뮴 142, 146
네온 132
넵투늄 164
노벨륨 174
니켈 47, 62, 142
니호늄 85, 105

ㄷ
다름슈타튬 184
두브늄 179
디스프로슘 152

ㄹ
라돈 138
라듐 33, 160
란타넘(란탄) 142

러더포듐 178
레늄 67
로듐 58
로렌슘 175
뢴트게늄 185
루비듐 18
루테늄 57
루테튬 157
리버모륨 115
리튬 12

ㅁ
마그네슘 26
마이트너륨 183
망가니즈(망간) 42
멘델레븀 173
모스코븀 85, 105
몰리브데넘(몰리브덴) 55

ㅂ
바나듐 38, 179
바륨 32
백금 57, 58, 59, 69, 70, 84
버클륨 169
베릴륨 24
보륨 181

붕소 76, 78, 90, 146
브로민(브롬) 122
비소 82, 102, 103
비스무트 85, 96, 104

ㅅ
사마륨 148
산소 12, 14, 22, 37, 44, 50, 83, 90, 108, 110, 134
세륨 142, 144
세슘 20
셀레늄(셀렌) 112
소듐(나트륨) 14, 16
수소 8, 26, 110, 130
수은 60, 62, 74, 122, 186
스칸듐 36, 52, 140
스트론튬 30
시보귬 180

ㅇ
아르곤 134
아메리슘 105, 167, 169
아스타틴 126
아연 48, 50, 85, 186
아이오딘(요오드) 124
아인슈타이늄 171, 180

악티늄 160
안티모니(안티몬) 103
알루미늄 12, 36, 80, 93
어븀(에르븀) 154
염소 12, 120
오가네손 139
오스뮴 68
우라늄 158, 163, 164
유로퓸 149, 167
은 6, 46, 48, 60, 84, 185
이리듐 68, 69
이터븀(이테르븀) 156
이트륨 52, 140
인 90, 100
인듐 83

ㅈ
저마늄(게르마늄) 92
제논(크세논) 137
주석 48, 83, 86, 93, 104
지르코늄 53
질소 55, 96, 98

ㅊ
철 44, 50, 146

ㅋ

카드뮴 62
칼슘 28, 30, 32, 95, 105, 115
캘리포늄 169, 170
코발트 46, 148
코페르니슘 186
퀴륨 115, 168
크로뮴(크롬) 40
크립톤 136

ㅌ

타이타늄(티탄) 37
탄소 12, 44, 64, 86, 88
탄탈럼 65, 179
탈륨 84
터븀(테르븀) 151
텅스텐 64, 66
테네신 127
테크네튬 56
텔루륨(텔루르) 113
토륨 158, 161
툴륨 155

ㅍ

팔라듐 58, 59
페르뮴 172, 173
포타슘(칼륨) 16, 84, 134

폴로늄 114
프라세오디뮴 142, 145
프랑슘 21
프로메튬 147
프로트악티늄 162
플레로븀 95
플루오린(플루오르) 113, 120
플루토늄 95, 164, 166

ㅎ

하슘 182
하프늄 64
헬륨 130
홀뮴 153
황 110

굵은 글자로 표시된 숫자는 해당 원소가 소개된 페이지입니다.

::옮긴이의 말

독자 여러분, 앞에 작은 금반지와 마법의 칼이 있다고 생각해 보세요. 칼로 반지를 절반으로 자르고 그 절반을 다시 자르는 일을 계속하다 보면, 결국 더 자를 수 없는 작은 입자에 도달하게 될 것입니다. 이것을 원자라고 해요. 거꾸로 말하면 수많은 금 원자들이 모여서 금반지를 만드는 것이죠. 은반지를 자르더라도 더 자를 수 없는 원자에 도달할 거예요. 그러나 금반지를 자르면 금 원자에 도달하고 은반지를 자르면 은 원자에 도달합니다. 이와 같이 서로 다른 원자의 종류를 원소라고 하죠.

이 원소들이 서로 어떤 관계를 가지는지 알려 주는 것이 주기율표입니다. 어떤 원소들은 서로 비슷한 성질을 지니고 비슷한 화학반응을 일으킨답니다. 이렇게 모인 원소들의 가족을 족(세로축)이라 하고, 이런 족들을 어떤 기준에 따라 배열해 놓은 것을 주기율표라고 합니다. 그러므로 주기율표에 있는 원소들을 잘 알면 세상의 모든 물질을 이루는 원자들에 대해 잘 알게 될 거예요.

원소의 이름은 수소, 산소처럼 우리말로 된 것도 있지만 아르곤처럼 외래어도 있습니다. 최근에는 원소의 이름을 우리말로 표기하는 방법이 변하고 있습니다. 예를 들면 요오드가 아이오딘으로, 셀렌이 셀레늄으로 바뀌었죠. 그래서 이 책에서는 바뀐 이름과 그 전에 사용해 오던 이름을 따로 표기했습니다.

이 책은 원소의 특징을 깜찍하고 재미있게 설명한 후, 그것을 잘 드러낼 수 있는 그림으로 나타냈어요. 그림을 잘 살펴보면 원소의 이름과 특징을 쉽게 기억할 수 있을 거예요. 특히 이번 확장 개정판은 최근에 발견된 인공 원소를 포함한 118개 원소 모두에 대하여 설명하고 있어서, 원소의 사전 역할도 할 수 있을 거예요.

독자 여러분이 원소에 대한 설명과 함께 아름다운 원소 그림을 살펴보고 과학에 대한 재미를 느껴 더 열심히 공부할 수 있기를 희망합니다.